赵洪君◎著

中学汉语语法
修辞研究

ZHONGXUE HANYU YUFA
XIUCI YANJIU

黑龙江人民出版社

图书在版编目(CIP)数据

中学汉语语法修辞研究/赵洪君著. —哈尔滨：
黑龙江人民出版社,2019.1（2020.8重印）
ISBN 978 - 7 - 207 - 11643 - 7

Ⅰ.①中… Ⅱ.①赵… Ⅲ.①汉语—语法—中学—教学参考资料②汉语—修辞—中学—教学参考资料 Ⅳ.
①G634.303

中国版本图书馆 CIP 数据核字（2019）第 017243 号

责任编辑 李 珊
封面设计 王 刚

中学汉语语法修辞研究
ZHONGXUE HANYU YUFA XIUCI YANJIU
赵洪君 著

出版发行 黑龙江人民出版社
　　　　　地址 哈尔滨市南岗区宣庆小区 1 号楼（150008）
　　　　　网址 www.hljrmcbs.com
印 刷 日照教科印刷有限公司
开 本 880×1230 1/32
印 张 6.125
字 数 120 千字
版次印次 2019 年 1 月第 1 版 2020 年 8 月第 3 次印刷
书 号 ISBN 978 - 7 - 207 - 11643 - 7
定 价 20.00 元

序

　　我教了八年的中学语文,做了22年的小学校长。我觉得当下在岗教师要学点现代汉语,特别是语法和修辞。如何把话说得"通",怎样把话说得"好",至关重要! 教师要每天和学生学习生活在一起,要时时刻刻做语言上的"巨人"。要知道学生哪句话说得有问题,还要指出问题在哪里,说话错在哪里。"主、谓、宾、定、状、补"表述得是否清晰,这句话究竟应该怎么说,不但要说通,还要说好。多用点修辞,才能表达得淋漓尽致。大量阅读需要语法,课程改革,自主学习需要语法;逻辑思维需要语法,做中国人更需要语法;醍醐灌顶之功在于语法,化识成智之功在于语法;纵横合并之功在于语法,核心素养"读、学、算、记"更在于语法。因此,我们要学点语法,做好中国人,说好中国话。

这本书是我教了八年的语文时的现代汉语语法修辞讲义。20 世纪 80 年代还没有语法修辞这样的书。后来教材中在每个单元后附录点语法小知识,但不成体系。我在备讲义时大部分是用的比较老的句子,这次我也没有修改,原因是我自编的,当时教学中很有价值;没有借鉴现今的中学语文教材中的例子,我认为殊途同归。虽然老一点,但有原汁原味的味道,敬请见谅。书中如有语法毛病,敬请指正! 我始终有为老师们做点事,为教师专业发展服务的想法,故出此书! 实现夙愿!

2018 年春

目　　录

第一章 词

一、什么是词

词是构成语言的材料。一个词必须具备三个条件：（1）表示一定的意义；（2）能够独立运用；（3）一个词是一个整体，不能拆成更小的单位。换句话说，"词是最小的，能够自由运用的，有意义的语言单位。"

所谓"最小的"，就是说不能再分割。这有三种情形：

第一，分割开来每一部分就没有任何意义了。例如："葡萄、蜘蛛、伶俐、彷徨"这些词分割成"葡、萄、蜘、蛛、伶、俐、彷、徨"就没有任何意义。

第二，分割开来，有的虽然仍然能表示一些意义，可是至少其中的一部分不能自由运用了。例如："语言、民主、宏伟、研究"这些词，分割成"语、言、民、主、宏、伟、研、究"虽都表示一些意义，可是都不能自由运用了；"学习、人民、伟大、优美"这些词，分割开来虽然都表示一些意义，并且"学、人、大、美"还可以自由运用，但其中的一部分"习、民、优"都不能自由运用了。

第三，分割开来，虽然有些词的每一部分都能表示一些意义，又能自由运用，但分割后各个部分的意义跟原来整体的意义已经迥然不同，甚至毫无关系了，比如："白菜"这个词，分割成"白""菜"虽然都能表示一些意义，又能自由运用，但是他们的意义已经跟"白菜"的意义迥然不同了。

这里有一点要特别注意,我们说不能分割,就是看一个具体的对象来说的,而不能撇开具体的对象抽象地看问题。比如把"白"和"菜"孤立地看,是各自独立运用的两个词,"白"和"菜"就无所谓不能分割,但是就"白菜"来说,"白"和"菜"已经合成为一个词,就不能再分解了,否则意思就变了。

所谓"自由运用",就是能够做句子的成分,或者能够表示语法关系。比如"语言"是一个词,它能在句子里做主语、宾语等等。

这里又有一点要特别注意,我们说能不能自由运用,是拿现代汉语的普通话做标准的,至于古汉语里或者在方言里能不能自由运用,那是另外的问题。

二、词和字的关系

词是构成语言的材料,字是记录语言的符号,二者是不同的。语言先于文字而产生,成为语言而没有文字的时候,词早已存在了,文字产生之后,用它来记录语言,字和词就发生了密切的关系。

字和词是不完全一致的。有些字跟词相当,一个字就代表一词,例如:"人、马、风、雨、大、小、看、打"等;这样的词叫单音词。大多数的字跟词不相当,需要把两个或两个以上的字合起来才能表示一个词,例如:"哥哥、葡萄、伟大、讨论、共产党、社会主义"等;这样的词叫多音词。其中用两个字表示的叫双音词,一个字不一定代表一个词,一个词不一定用一个字来表示。

第二章　词的分类

词可以分为实词和虚词两大类。这里先谈实词。

一、什么叫实词

实词就是有实在的意义,能够回答问题并且可以做句子的某种成分的词叫实词。如:"小麦、看、好、五、斤、他"等。

实词包括六种词,即:名、动、形、数、量、代词,下面分别谈诸词。

1. 名词　表示人或事物名称的词叫名词。

①表示人的名词:工人、农民、教师、同志、主任、爸爸、儿子、王进喜等。

②表示事物的名词:工厂、学校、人民政府、钢、煤、桌子……

③表示处所或时间的名词:北京、西安、延安、和平路、东边、西边、早上、去年、晚上等。

④还有一些表示抽象事物的名词:思想、道德、品质、风格、觉悟、党性、素养等。

2. 动词　表示人或事物的动作、行为或发展变化的词叫动词。

①表示动作的动词:走、看、说、吃、打等。

②表示行为的动词:研究、生产、保卫、拥护等。

③表示心理活动的动词:想念、打算、爱、憎、希望等。

④表示发展变化的动词：增加、减少、扩大、发展、演变等。

动词根据它表示的动作的要求，又可以分为他动词和自动词两种。

他动词：这种动词表示的动作发出来以后需要涉及另外的人或事物，否则全句表达得就不完整，这样的动词叫作他动词。例如：认识、生产、保卫等。

自动词：这种动词表示的动作发出后不需要涉及另外的人或事物就能表达一个完整的意思。例如：休息、出发、结束等。这样的词就叫作自动词。

动词还有两个附类：一个是能愿动词，一个是趋向动词，下边分别介绍：

能愿动词：是表示可能、必要或者愿望等意思的动词。如：能、能够、会、可以、敢、肯、愿意、应该等。它们主要用在一般动词的前边。

趋向动词：是表示动作趋向的动词，如：来、去、上、下、过、上来、下去等，它们主要用在一般动词的后边。

3. 形容词 表示人或事物的性质、形状或者动作行为的状态、性质的词叫形容词。例如：大、小、长、短、方、圆、聪明、高兴等。

4. 数词 表示数目的词叫数词。数词可细分为：基数词、序数词、分数词、倍数词、概数词。

①表示自然数目的多少这是基数词。如：一、二、三、五、一百九十五、三万五。

②表示人或事物的排列次序的这是序数词，如：初一、初

二、正月、初七、第一名。

③表示数目增加多少可用分数词,如:百分之五十、50%、三分之二、2/3 等。

④表示事物数目的增加倍数的词叫倍数词,如:二倍、一倍……

⑤表示大概数目的词叫概数词,如:三五六、十七八岁、二十左右等。

5. 量词 表示人、事物或动作单位的词叫量词。量词又可细分为:物量词、动量词、数量词。

①计算人或事物的单位的量词叫物量词,如:一匹马、一头牛中的匹、头是物量词。

②计算动作单位的量词叫动量词,如:去一趟、看一遍、做三次中的趟、遍、次。

③计算人或事物的数目时,一般不单独用数词,要加上量词,数词和量词又经常在一起用,因此合起来叫数量词,如:一群群、一匹匹。

6. 代词 能够代替名词、动词、形容词和数量词的词叫代词。如:我、谁、这、那、什么、怎么样等,其中又可细分为人称代词、疑问代词、指示代词。

①人称代词,如:我、你、他、咱们、人家、别人、大家、大伙儿、旁人、自己等。

②疑问代词,如:谁、什么、哪儿、哪里、多会儿、怎么、怎样、怎么样、多少、几、多、多么。

③指示代词,如:这、那、这里、那里、这样、那样、这么些、那么些。

二、什么叫虚词

有些词没有实在的意义,也不能单独回答问题,大部分不能做句子成分,只是在造句时表示一定的语法意义,这种词叫虚词。如:很、了、都、的、地等。

虚词包括:副、介、连、助、叹、语气词。下面分别谈诸词:

1. 副词 表示程度、范围、时间、语气等的词叫副词,副词根据它的作用又可分为:程度副词,时间副词,范围副词,肯定、否定副词,语气副词,重复连续副词。

①程度副词:更、太、极、挺、很、顶、非常、特别、十分、稍微、极其。

②时间副词:就、刚、才、刚才、已经、马上、立刻、正在、将要、常常、渐渐、暂且。

③范围副词:都、只、先、仅仅、一共、总共、全部。

④肯定、否定副词:必定、准、一定、不、没、没有、别、不必、勿。

⑤重复连续副词:又、再、还、也、再三、屡次。

⑥语气副词:到底、难道、究竟、可、却、偏、反、正、竟、简直。

副词主要用在动词、形容词或其他副词的前边。

2. 介词 就是专门起介绍作用,表示时间、地点、方式、范围、原因的词叫介词,介词根据它的用法可以分为:

①方式介词:替、沿着、按照、根据。

②目的介词:为、为了、为着。

③原因介词:因、因为、由于。

④时地介词:从、于、自、往、朝、何、在、到、当。

⑤关联介词:跟、同、被、连、关于、对、对于、把。

介词在句子中的作用主要是介绍名词或代词给动词或形容词。

介词的特点比较特殊,它在句子中必须和被介绍的部分结合起来,才能表示一定的意思,比如:"沿着小路""为了党的利益""到十一点钟"等,这一整体又叫作"介词结构"。这一整体的结构在句子里充当一部分。

3. 连词 只起连接作用的词叫连词。

如、和、而、并、跟、同、与、及、并且、不但……而且……、因为……所以……、不是……就是……等。

4. 助词 表示语言的结构,附着在词、词组上边,表示一些附加意义的词叫助词。它又包括结构助词、时态助词:

①结构助词:的、地、得、所。

②时态助词:了、着、过。

5. 叹词 表示某种强烈的感情或呼唤、应答的词叫叹词,如:哈、啊、呼、唤、嗯等。

6. 语气词 跟在一句话的末尾表示陈述、祈使、疑问、感叹等语气的词叫语气词,如:吗? 吧! 呀! 等。

第三章　句子和句子成分

一、什么是句子

句子是由词组成的,能够表达一个完整意思的语言单位。

句子能够表达一个完整的意思,就是说它能告诉别人一件事,如:"我买了一本书。"(这种句子叫陈述句)它能向别人提出一个问题,如:"这是什么书?"(这种句子叫疑问句)能向别人提出一个要求,如:"借我一本书!"(这种句子叫祈使句)它能表达自己的某种感情,如:"这本书太好啦!"(这种句子叫感叹句)由于一个句子表达了一个完整的意思,所以单独说出来站得住,能让人听得明白。有时候一个词也可以构成句子,如:"火!""再见!"这是比较特殊的情形。

二、什么是句子成分

在句子中词和词之间有一定的关系,按照不同的关系可以把句子分为不同的组成部分。句子的组成部分叫作句子的成分。

句子成分为六种:主语、谓语、宾语、补语、定语、状语。

第四章 主语和谓语

一、什么是主语和谓语

主语是说话的人所要陈述的对象,指出要说的是谁或者什么,谓语是陈述主语的,说明主语是怎么样或者是什么。

一般句子都具备主语和谓语,看下边的例子,如:

(1)觉悟‖提高了;

(2)人民‖是英雄;

(3)庄稼‖可爱。

第一陈述的对象是"觉悟","什么提高了?"——"觉悟",因此"觉悟"是主语。"提高了"是陈述"觉悟"的,"觉悟怎么样?"——"提高了",因此"提高[了]"是谓语。第二、三句也是如此。

在结构复杂的句子里,在主语和谓语上面添加了一些连带成分。主语和它的连带成分在一起构成主语部分,谓语和它的连带成分在一起构成谓语部分。主语部分里的中心词是主语,谓语部分里的中心词是谓语,所以在比较复杂的句子中,先画出主、谓语部分,然后分别找出各部分中心词,主语、谓语就很好确定了。如:

(1)共产主义觉悟‖大大提高了。

(2)劳动人民‖是真正的英雄。

如在上例中,"共产主义觉悟"是主语部分,其中心词是

"觉悟",所以"觉悟"是主语;"大大提高了"是谓语部分,其中心词是"提高",所以"提高"是谓语。

主语和谓语是句子里的主要成分。

二、什么可以做主语

主语是说话的人所要陈述的对象,提出要说的是什么人或者是什么事物,因此最常用来做主语的是名词和代词。如:

(1)东风‖压倒西风。

(2)共产主义精神‖在全国蓬勃发展。

(3)我们‖能够战胜一切困难。

(4)什么‖是人民大众呢?

除了名词、代词以外,数量词也可以做主语,如:

(1)一米‖等于三市尺。

(2)(文艺批评有两个标准)一个‖是政治标准,一个‖是艺术标准。

动词和形容词当它不表示动作性状而表示一种事物的时候,也可以用来做主语,如:

(1)学习‖是一种艰苦的劳动。

(2)普及‖是人民的普及,提高‖是人民的提高。

(3)勤俭‖是一种美德。

(4)虚心‖使人进步,骄傲‖使人落后。

"的"字结构相当于一个名词的时候,也经常做主语。如:

(1)脚上穿的‖是皮鞋。

（2）毅然预定了《莽原》全年的‖就有她。

（3）我们反对的‖是空话连篇言之无物的八股调。

三、什么可以做谓语

最常用来做谓语的词是动词和形容词,下面例子里的谓语是动词。

（1）毛主席‖向着黄河笑了。

（2）全世界的人民‖都反对美帝国主义。

下面例子里的谓语是形容词。

（1）这个办法‖好。

（2）你的意见‖非常正确。

有的代词能够代替动词和形容词,这样的代词有时候也用来做谓语。如:

（1）他‖怎么了?

（2）你的成绩‖怎么样?

名词、数量词在一定条件下可以做谓语,名词做谓语最常见的是表示日子、天气的句子,如:

（1）十月一日‖国庆节。

（2）今天‖晴天。

数量词做谓语,往往是对数量词主语加以解释,或者说人的年龄,如:

（1）十尺‖一丈。

（2）那时候,他‖才十二岁。

四、合成谓语

动词可以单独做谓语,但动词的三个附类(能愿动词、趋向动词、判断词)都经常跟别的词在一起充当谓语;我们管这样的谓语叫作合成谓语。合成谓语有下面三种:

一种是判断词和名词、代词合起来的合成谓语,如:

(1)这‖是事实。

(2)他‖是谁?

(3)为什么人的问题‖是一个根本问题。

(4)敌人的出路‖是灭亡。

(5)马克思最讨厌的‖是虚伪。

判断词还经常和"的"字结构合在一起,构成谓语,如:

(1)这张单子‖是石头的。

(2)真正人民大众的东西,‖现在一定是无产阶级领导的。

第二种是能愿动词和动词或形容词合起来的合成谓语,如:

(1)现代修正主义‖必须批判。

(2)社会主义‖必然能够战胜资本主义。

(3)我们‖应当尽量地减少那些不必要的牺牲。

(4)雨‖马上会小吗?

第三种是趋向动词和动词或形容词合起来的合成谓语,如:

(1)原来我‖已经爬上南天门,走上天街。

(2)朵朵白云‖从我身边飘浮过去。

（3）这屋子‖又<u>闷热起来</u>了。

有时候上面的三种合成谓语还可以两两地结合起来，如：

（1）天气‖<u>应该热起来</u>了。

（2）叫门的‖<u>可能是他</u>。

第一句"应该热"属于上述第二种合成谓语，"热起来"属于第三种合成谓语；

第二句"可能是"属于第二种合成谓语，"是他"属于第一种合成谓语。

由上可知，谓语有五种主要类型：

（1）动词做谓语；

（2）形容词做谓语；

（3）判断合成词做谓语；

（4）能愿合成谓语；

（5）趋向合成谓语。

第五章 宾语和补语

一、什么是宾语

宾语是动词的连带成分,表示动作涉及的人或者事物,例如:

（1）同志们‖都帮助他。（注:划单横为宾语）

（2）大家‖学习语法。

二、什么可以做宾语

经常做宾语的词是名词、代词,数量词也可以。此外,动词、形容词在一定条件下也可以做宾语,如:

（1）对于这个问题,我们‖正在进行研究。

（2）大家‖已经停止讨论。

（3）总有一天全人类‖都会获得解放。

（4）他‖喜欢游泳。

（5）这个孩子‖非常爱干净。

动词做宾语,常常跟表示动作的动词配合,如例（1）、（2）;或者跟表示心理活动的动词配合,如例（4）,形容词做宾语,常跟表示心理活动的词配合,如（5）。"的"字结构也可以做宾语,如:

（1）（这种水果不新鲜）我‖刚从树上摘下来的。

（2）只要我们‖为人民的利益坚持好的,为人民的利益改正错的……

三、宾语和动词的关系

为了进一步认识宾语,我们需要分析宾语和动词的关系,常见的有以下几种关系:

(1)宾语表示动作的对象(对象宾语),如:

①大家‖都恨帝国主义。

②在战略上我们‖要藐视一切敌人,在战术上我们‖要重视一切敌人。

③我们‖必须端正学习态度。

(2)宾语表示动作的成果(成果宾语),如:

①鲁迅‖写了许多杂文。

②她‖会织毛衣。

③他‖成了优秀教师。

(3)宾语表示动作的处所(处所宾语),如:

①县上的训练班‖在"五小"。

②许多兄弟国家的代表团‖昨天到了北京。

③火车‖经过长江大桥。

(4)宾语表示存在,出现或消失的事物(存在宾语),动词表示存在,出现或消失的方式,如:

①台上坐着主席团。("主席团"表示存在的事物,"坐着"表示存在的方式)

②前面来了一个人。〔"人"表示出现的事物,"来(了)"表示出现的方式〕

③放假的第一天,我们班里走了十几个同学。〔"同学"

表示消失的事物，"走(了)"表示消失的方式〕

四、宾语的位置

宾语一般是放在动词的后边，但是，在一定的条件下，也可以放在动词的前边，或为前置宾语，例如：

(1)<u>我</u>‖<u>哪儿</u>也不<u>去</u>。

(2)初来的时候，<u>我</u>‖<u>谁</u>也不<u>认识</u>。

(3)<u>他</u>‖什么<u>活儿</u>都会<u>干</u>。

(4)<u>我们</u>‖一粒<u>粮食</u>也不可<u>浪费</u>。

从上边的例子可以看出，宾语提在动词前边有这样的条件：

(1)宾语是疑问代词，或者前边有疑问代词"……"修饰，有"泛指一切"的意思。上例中的"哪儿"指任何地方，"谁"指任何人，"什么活儿"指所有活儿，"一粒粮食也不浪费"是说"凡是粮食都不可浪费，哪怕是一粒"。

(2)动词前边有"都、也、不"等副词时，宾语可以前提。例如上例。动词和趋向动词组成合成谓语，其宾语的位置有三种情形：

①放在趋向动词之后，如：走出校门，寄去一封信，带回来一本书。

②放在动词之后，趋向动词之前，如：寄一封信去，带一本书回来。

③嵌在双音节趋向动词中间，如：带回一本书来，走出校门去。

五、双宾语

"送、教、给、授、还、告诉、借、问"等少数动词,可以带上两个宾语,如:

(1)(毛主席视察黄河)一张留影‖告诉了我们这个消息。

(2)农民‖教我们种地的方法。

(3)他‖要问你一个问题。

动词带两个宾语,一般地说,一个是指人的,一个是指物的,指人的靠近动词,可以叫近宾语,指物的离动词远一些,可以叫作远宾语。

六、什么是补语

补语是动词或形容词的连带成分,它加在动词或者形容词的后边,起补充说明的作用,对于补语来说,被补充说明的动词、形容词叫作中心词,补语一般能回答"怎么样""多少""多久"之类的问题,下面句子里加点的是中心词,加△的是补语。

①我们终于把敌人打退了。

②玻璃已经擦干净了。

③党的领导英明极了!

④人家都看得很懂。

⑤苹果红得非常好看。

⑥他就这样边思索边劳动,一气干了三个多小时。

⑦我已经来过四五回了。

⑧你们的任务完成得怎么样了？

从上边的例子可以归纳出几点：

1. 动词、形容词、代词、数量词都可以做补语。

2. 中心词和补语之间有时候要用结构助词"得"，例如④⑤⑥。

3. 补语和中心词之间有种种关系，有的补语表示动作结果，如①②⑧各例。有的补语表示性态的程度，如②④两例。有的表示动作的可能，如例⑤，有的表示动作的数量，如例⑥表示动作延续多少时间，例⑦说明动作的次数。

"在、到、向、于"等介词组成的介词结构，常做补语，表示动作的时间、处所或方向，例如：

（1）必须把农业生产，特别是粮食生产放在首要地位。

（2）他常常工作到深夜。

（3）我们的事业正在从胜利走向胜利。

（4）我们不应该满足于现有的成绩。

（5）提高是应该强调的，但是片面地孤立地强调提高，强调到不适当的程度那就错了。

七、宾语和补语的区别

补语和宾语都可以跟在动词谓语的后边（形容词做谓语，只能带补语，不能带宾语），它们俩应该怎样区别呢？

主要根据下列三点：

1. 宾语在动词谓语的后面可以回答"谁"或者"什么"的问题。补语在动词或形容词谓语的后边可以回答"怎么样"

"多少""多久"之类的问题。

2. 做宾语的主要是名词或代词,做补语的主要是动词、形容词或数量词。

3. 有的补语带有结构助词"得"做标记。宾语全没有。但是也要注意,有的动词也带个"得",它后边的部分不是补语,而是宾语,如"我认得他",因为"认得"中的"得"不是结构助词,而是构成"认得"这一动词的一部分。又如"记得、懂得、值得、晓得"等都是一个动词。

第六章　定语和状语

一、什么是定语

用在名词前边起修饰限制作用的连带成分(即:定语是名词的修饰成分)叫作定语。它可以回答"谁的""什么样的""多少"一类的问题。被修饰限制的名词是中心词。定语和中心词之间常用结构助词"的"。下面句子中加点的是中心词,加"～～～"线的是定语。

(1)社会主义建设取得了伟大的成就。

(2)劳动是很光荣的事情。

(3)这是一个好办法。

(4)北京的夏天也很热。

(5)我们应该有踏踏实实的工作作风。

(6)他们的意见很正确。

由此可知定语主要由形容词、数量词、名词、动词和少量的介词结构来充当。

"关于、对于、在"等少数介词组成的介词结构可以做定语,介词结构做定语一定要用"的",如:

(1)我国有很多关于月亮、风、雨的童话。

(2)你对于这个问题的态度是正确的。

(3)一般说来,人民内部矛盾,是在人民利益根本一致基础上的矛盾。

我们讲过"的"字结构，"的"字结构实际上是省略了中心词的定语，这个定语本身就有代替中心词的作用。例如：他有两个孩子，大的五岁、小的三岁。这里的"大的、小的""的"字结构，等于说"大的孩子、小的孩子"。"的"字结构既然具有这种性质，那么它就一定不能做定语，或者说做定语的就一定不是"的"字结构。

结构助词"的"是定语的标记，凡是前后两个部分，中间带有"的"的，"的"前部分就是后部分的定语。

也有的定语并不带"的"，如：中国人民、光荣事业。那么，哪些定语要带"的"，哪些定语可以不带呢？

单音形容词做定语可以不带，如：新农村、红花、大桌子。带上"的"有强调定语的作用，如：新的农村、红的花、大的桌子。

单音形容词的前边，如果还有其他成分时要带，如：紫红的花、最大的桌子。

双音形容词做定语一般要带，如：幸福的时代、伟大的人民。形容词重叠使用时要带，如：黑黑的头发、老老实实的态度。

代词做定语，如果定语的中心词是表示亲属称呼或集体机构时，可以不带，如：我哥哥、你们学校，其他的要带，如：他的意见、大家的利益。

数量词做定语一般不带，如：二十台拖拉机、十五亩玉米地。

名词做定语，可带可不带，如：中国历史、中国的历史、社会主义农村、社会主义的农村，如果它的中心词是动词或形容词则一定要带,如:青年的学习、内容的正确、中国的解放。

动词做定语一般都带,如:锄过的麦地、参观的同志。

有两个词经常结合在一起,也可以不带,如:学习计划、执行任务。

比较复杂的定语一般要带,如:农业生产的季节、下乡知识青年的事迹。

二、什么是状语

用在动词或形容词前边起修饰限制作用的连带成分叫作状语。(即:它主要用来修饰动词、形容词或副词)在句子中可以回答"怎么""多么"一类的问题。例如:

(1)他[诚恳地]提出了自己的意见。

(2)那口井[三丈]深。

例(1)的形容词"诚恳地"是动词谓语"提出"的状语,回答"怎么"的问题。

例(2)的数量词"三丈"做形容词谓语"深"的状语,回答"多么"的问题。

状语主要由副词、形容词、数量词、代词和介词结构来充当,便于和区别,用方括号"[   ]"括起来,如:

(1)全体教师[都]来了。

(2)工人老大哥[热情地]接待了我们。

(3)拖拉机[一台一台地]开走了。

(4)我[这样]想过。

(5)中国人民[沿着社会主义道路]前进。

(6)我[不太]清楚。

例(1)的副词"都"做谓语"来"的状语,例(2)的形容词"热情地"做谓语"接待了"的状语。例(3)的数量词"一台一台地"做谓语"开"的状语。例(4)的代词"这样"做谓语"想过"的状语,例(5)的"沿着社会主义道路"做谓语"前进"的状语,例(6)的副词"不太"做谓语"清楚"的状语,其中副词"不"又是副词"太"的状语。

一般的名词不能做状语,可是时间名词、处所名词却经常充当状语,这是需要注意的。例如:

(1)咱们[屋里]休息。

(2)我[明天]动身。

介词结构常做状语,例:

(1)毛主席[向着黄河]笑了。

(2)[从他的笑容里]我们看到了一个美丽动人的黄河远景。

(3)晋察冀边区的领导同志,[对这项工作]抓得很紧……

(4)社会主义国家一贯地[为缓和国际紧张局势]而努力。

(5)[关于某些问题],我们有了较明确的认识。

(6)我们已经[把计划]订好了。

(7)一切困难都将[被全国人民的英勇奋斗]所战胜。

(8)革命的文艺,应当[根据实际生活]创造出各种各样的人物来。

介词结构做状语,有两点应该注意:

1.在状语和中心词之间不用"地"。"为、由于"等介词组成介词结构做状语时,有时在后边用连词"而"跟中心词连接起来,如例(4)。

2.介词结构做状语,常常提前到句子头上,如例(2)、(5)。

三、状语的位置

上面已经略谈,下面详谈一下。

状语主要是修饰或限制动词和形容词的。动词和形容词在句子中经常做谓语,特别是动词,它的主要任务是做句子的谓语,所以状语在句子里的位置,一般都放在主语之后,谓语之前,有时候,由于某种原因的需要,状语的位置也可以变动一下:

(1)[突然]灯灭了。

(2)[明天]学校召开教师大会。提前状语,有突出和强调状语的作用。

有的状语比较复杂,放在主语和谓语之间,句子就显得过长,也可以提前,例如:

(3)[为了今年的丰收],农民们都鼓足了最大的干劲。

(4)[通过业余学校或自学的途径],我们也可以提高文化水平。

(5)[由于党的鼓励和教育],我增强了战胜困难的信心。

以上各句是由于有介词结构做状语而提前了,也有的状语可以移到谓语的后边,例如:

(1)他走过来了[悄悄地,慢慢地]。

(2)代表们都来了[从工厂、从农村、从学校]。

这种倒装的状语,有补充说明和突出描写部分的作用。

结构助词"地"是状语的标记,凡是在动词或形容词之前有"地","地"前边的部分就是动词或形容词的状语。

可是也有的状语并不带"地"。在什么情况下带,什么情况下不带呢?

副词做状语,可以不带,如:[不]对、[都]好、[非常]高兴;也可以带,如:[再三地]说服。

单音形容词做状语一般不带,如:[早]说、[快]走、[慢]跑;双音形容词做状语一般要带,如:[高兴地]说、[尖锐地]批评。

数量词做状语一般不带,如:他[三天]完成了五天的任务,[二十分钟]就干完了。如重叠使用就要带,如:游行的群众[一队一队地]出发了、飞机[一架一架地]飞走了。

代词和名词做状语一般不带,如:[怎么]办、[这样]说、[墙上]挂着、大会[明天]开始。

介词结构做状语一般不带,如:[向东]走、[在地里]劳动。状语比较复杂时要带,如:农民的[心情愉快地]劳动着、每个人[都畅所欲言地]发表了自己的意见。

四、定语和状语的区别

定语和状语都是修饰成分,有许多类似之处,要注意加以区别,区别的主要方法是看中心词的词性,中心词是名词,它的修饰成分就是定语,中心词是动词或形容词,它的修饰成分就是状语。其次状语可以放在句首,离中心词远一些。介词结构做状语可以放在句首,(从以前的例子可以看出)时

间名词、副词做状语,也可以放在句首,如:

(1)[忽然],他从外面跑进来。

(2)[一九五八年],我国人民开创了一个国民经济"大跃进"的局面。

定语跟状语不同,一般要紧接在中心词的前面,不能离开它。

五、定语和状语的复杂化

定语和状语都是起修饰限制作用的,为了从多方面说明事物,常常让一个中心词带上两个或两个以上的定语和状语,于是定语、状语就复杂起来了,定语、状语复杂化有以下两种类型:

1.几个定语或几个状语分别递加在一个中心词上,如:

我的一件呢子的新衣服,"我、一件、呢子、新"这四个定语分别递加在中心词"衣服上",先加上"新",再加上"呢子",再加上"一件",再加上"我",其结构关系如下:我的 + ｛一件 + ［呢子的 + (新 + 衣服)］｝。

再举几个例子:

①车站前面是一条平坦的柏油马路。

②他们[也][都]来了。

③他[也][匆匆地][从车上]下来。

2.定语、状语本身又带有修饰补充成分,也就是说它们又有自己的定语、状语或补语。如:很好的办法,"好"是办法的定语,而它自己又带着状语"很"。再举几个例子:

(1)什么是[比较]完全的知识呢?

（2）他[非常][热情]地招待了我们。

（3）昨天[晚上]下了一场雪。

（4）他是我哥哥的朋友。

更常见的情形是把上边两种类型交错起来运用，如：

一个极其重要的政策，"一个、重要"分别递加在中心词"政策"上，属于第一种类型；"重要"又带着自己的状语"极其"，属于第二种类型，其结构关系如下：一个＋[（极其＋重要）的＋政策]。

再举几个例子：

（1）共产主义事业是人类史上[空前]伟大的事业。

（2）大家[都][很][积极]地投入了战斗。

（3）每一个共产党员，一定要学习白求恩同志的这种真正共产主义者的精神。

定语和状语的复杂化是比较难分析的，希望同志们认真分析，反复练习，这样我们在句子分析上就比较"自由"了。

第七章 词组做句子成分

一、什么是词组

词和词按照一定的方式组合在一起,构成一个语言单位,经常充当句子里的一个成分而不独立表达完整的意思,我们管这种大于词而小于句子的语言单位叫作词组。例如:

(1)<u>我和他</u>‖都是中学教师。

(2)精兵简政‖何以是<u>克服物质困难</u>的一个重要的政策呢?

例(1)的"我和他"是一个词组,在句子里当作一个单位来用,充当主语。

例(2)的"克服物质困难"也是一个词组,在句子里当作一个单位来用,充当定语。它们都不独立表达完整的意思,而只充当句子里的一个成分。

二、词组的种类

词和词组合的时候,可以采取各种各样的方式,可以产生各种各样的关系,根据它们组合的方式和组合的关系,我们把词组分成以下几类:

1.联合词组 两个或者两个以上的词并列起来,彼此地位平等,这种词组叫作联合词组。

如:中国和阿尔巴尼亚 工人、农民、战士 老师和同学

文学和语言	伟大而质朴	讨论并且通过
思想感情	繁荣富强	调查研究
又红又专	你或者他	改革开放
听、说、读、写	雄伟壮丽	聪明、美丽又善良

关于联合词组,要注意两点:

(1)我们经常使用连词或顿号表示联合关系,有时候也使用副词,有时候什么也不用,让几个词直接组合在一起。

(2)一般地说,联合词组中各项的词性应当相同,即名词与名词联合,动词与动词联合等等。

2.偏正词组 组成词组的两个部分是"偏"和"正"的关系,也就是有主次之分,主要的是中心词,次要的是来修饰、限制或补充中心词的。主次两部分之间有的带有"的、地、得"等结构助词,如:

可爱的祖国	认真地学习	革命干劲
积极参加	一位顾客	完全相信
我的老师	非常坚强	多么可爱
好得很	写整齐	恭敬地鞠躬

3.动宾词组 动词和它的宾语构成的词组叫动宾词组。

如:反对侵略	发展生产	提高质量
教育学生	敬畏生命	热爱工作
打击侵略者	反对官僚主义	建设社会主义
登泰山	包饺子	上中学

4.主谓词组 组成词组的两个部分是主语和谓语的关系。

如:工人劳动	大家讨论	意志坚强

老师讲课　　精力充沛　　心情愉快

大家唱歌　　露珠晶莹　　我们回去

这里应当注意的是:主谓词组跟句子不同,因为它在句子里充当一个成分,丧失了独立性。例如:"人民公社好"是个句子,但它处于"大家都说人民公社好"一句中的时候,它便丧失了独立性,只做句子里的一个成分(宾语)。

三、词组的扩展

上边所讲的词组绝大部分是词和词结合而成的,只有一层结构关系,此外,还有不止一层结构的复杂化的词组,这种复杂化的词组是由词和词组,或者是由词组和词组构成的,也就是词组之中还包含着词组。下面举几个例子:

(1)我们的整个文学工作、戏剧工作、音乐工作、美术工作,‖都有了很大的成绩。此句的主语是一个联合词组,那联合词组是由四个偏正词组构成的。

(2)为了正确地认识敌我之间和人民内部之间这两类不同性质的矛盾,应该首先弄清楚什么是人民,什么是敌人。此句的宾语也是一个联合词组,其中包含两个主谓词组。

(3)迅速地改变我国贫穷和落后的面貌,‖是我国六亿五千万人民的强烈愿望。此句的主语是一个动宾词组,动词之前带状语,是偏正词组,宾语之前带定语,也是偏正词组,而定语"贫穷和落后"又是联合词组。

这一节参看下节关于词组做句子成分就会更深刻理解的。

四、词组做句子成分

1. 联合词组做句子成分　联合词组可以做句子的各种成分,例如:

(1)粮食和钢铁‖是最重要的。

(2)大会‖讨论并通过了这个方案。

(3)我们的祖国‖多么辽阔广大。

(4)我们‖热爱祖国的山川和原野。

(5)庄稼‖长得非常茁壮茂盛。

(6)中华民族‖从来就是一个伟大的勇敢的勤劳的民族。

(7)战士们‖[勇敢机智]地追击敌人。

联合词组做句子的成分,其各项必须同有关的成分相应。

2. 动宾词组做句子的成分　动宾词组可以做谓语之外的各种成分。它做主语时,谓语常常是判断词合成谓语,或者是形容词谓语,例如:

(1)进行这种批评和自我批评‖也是文艺的最重要任务之一。

(2)推翻这个封建势力‖乃是民主革命的真正目标。

(3)树立无产阶级世界观‖很重要。

动宾词组可以同"是"构成合成谓语。

(1)重要的任务‖是提高教育质量。

(2)专政的第二个作用‖就是防御国家外部敌人的颠覆活动和可能的侵略。

应该注意,动宾词组不能单独做谓语。比如不能说"他写字"这一句的谓语是动宾词组"写字",谓语应该是动词"写","字"是全句的宾语。

动宾词组做宾语时,谓语常常是表示心理活动的动词,如:

(1)他‖喜欢<u>思考问题</u>。

(2)刘和珍‖生前就很爱<u>看先生的文章</u>。

动宾词组做宾语时谓语常常是表示心理活动的动词,动宾词组做定语、状语和补语,一般要用结构助词,如:

(1)作为<u>观念形态</u>的文艺作品,‖都是一定的社会生活在人类头脑中反映的产物。

(2)社会实践及其效果‖是<u>检验主观愿望或动机</u>的标准。

(3)我们‖[有领导]地改革了不合理的规章制度。

(4)他‖高兴得<u>流出了眼泪</u>。
△ △ △ △ △

3. 主谓词组做句子成分 主谓词组可以充当句子的各种成分。它做主语时,谓语常常是判断合成谓语,或者形容词谓语,如:

(1)<u>人剥削人</u>‖是旧社会的现象。

(2)<u>他愿意参加农业生产</u>‖很好。

(3)<u>帝国主义和一切反动派都是纸老虎</u>,‖已经无数的事实证明了。

主谓词组可以做谓语,看下边的例子:

(甲)她‖<u>态度和蔼</u>。

(乙)这个字‖<u>我认识</u>。

（甲）例所代表的是一种类型。这种类型有两个特点：

（1）做谓语的主谓词组好像一个形容词，对主语加以描写，"态度和蔼"是描写"她"的，她怎么样？她态度和蔼。

（2）全句的主语和主谓词组的主语之间有领属关系，谁的态度？她的态度，正因为有这种领属关系，人们就容易把这类句子的主语看作定语，把主谓词组的主语看作全句的主语（她<u>态度</u>‖和蔼），这是不对的。因为我们还可以说"她的确态度和蔼"，"她一向态度和蔼"等，"她"和"态度"之间可以插入副词状语，同时还可以说"她呀，态度和蔼"，"她"后边可以停顿，这证明了"她"不可能是定语，"态度"不可能是全句的主语。由此可见，"她态度和蔼"并不是"她的态度和蔼"的省略，这两句表达的意思差不多，可是结构很不相同。学习语法，要注意语法结构，不能光从意义上看问题。

（乙）例代表另一种类型，这种类型的特点是：

主谓词组的谓语是一个他动词，全句的主语在意念上受它支配，是它的意念上的宾语，就（乙）例而论"字"是"认识"的意念上的宾语，认识什么？认识字。

我们再举一些例子，大家可以根据上述特点看看他们各属于哪一种类型。

（1）这篇文章思想性很强。

（2）这个规律，列宁讲得很清楚。

（3）明天的会你会参加吗？

（4）那些产品的确样式新颖。

主谓词组还可以同"是"构成合成谓语，如：

（1）结果‖<u>是反动派完全崩溃</u>。

（2）犯错误的根本原因‖是他没有彻底地改造思想。

主谓词组做宾语，往往用在"赞成、主张、反对、希望、想、认为、怕、说、看见、听见、觉得、记得、懂得、知道、相信、发现、证明、表明、说明、指示"等动词后边。如：

（1）马克思主义的哲学‖认为，对立统一规律是宇宙的根本规律。

（2）事实‖证明，总路线是完全正确的。

（3）列宁‖还在一九〇五年就已着重指示，我们的文艺应当"为千千万万劳动人民服务"。

在双宾语的句子里，宾语可以是一个主谓词组，如：

他‖告诉我他光荣地加入了共产党。

此外，文章里常常有这样的格式：某某说："……"，"说"的宾语常常是一个主谓词组，或者是许多主谓词组。

主谓词组做定语，需要"的"帮助，如：

（1）革命‖是一个阶级推翻一个阶级的暴烈的行动。

（2）长征‖宣告了帝国主义和蒋介石围追堵截的破产。

（3）我们恨日本帝国主义，‖是日本帝国主义压迫我们的结果。

（4）党中央提出的精兵简政的政策，‖是一个极其重要的政策。

头三个例子中充当定语的主谓词组，结构都很完整，只有例（4）有点特殊，定语"党中央提出"不太完整，提出什么？叫人感觉缺少宾语。其次，从意念上看，"提出"的宾主就是后面的中心词"（精兵简政）政策"。这是主谓词组做定语时常见的情形，应该予以注意。这种缺少宾语的主谓词组，我们有时候在它的谓语动词前边用结构助词"所",如：

（5）<u>这次会议所制定的宪法</u> ‖ 将大大地促进我国的社会主义事业。

（6）<u>中国共产党所领导的人民革命</u> ‖ 从来就是十月革命所开始的世界无产阶级社会主义革命的一个组成部分。

主谓词组做状语、补语，也需要结构助词帮助；做状语的主谓词组常常是一些成语，如：

（1）好些人 ‖ 笑<u>得嘴都合不上了</u>。

（2）大家 ‖ ［喜气洋洋］地参加了庆祝大会。

以上讲的是联合词组，动宾词组和主谓词组做句子成分，至于偏正词组，一般不做句子成分。它到了句子里就分解为两部分，各做句子的一个成分。比如"他的立场很坚定"，"他的立场"和"很坚定"都是偏正词组，在句子里各分解为两部分："他"是定语，"立场"是主语，"很"是状语，"坚定"是谓语。

但有时候偏正词组也当作一个单位来使用，可以做句子的谓语，例如：

（1）他 ‖ <u>上海人</u>。

（2）这张桌子 ‖ <u>三条腿</u>。

（3）这个人 ‖ <u>死心眼儿</u>。

第八章　复杂谓语

一、什么是复杂的谓语

前边讲过的谓语,有的是一个词,有的是一个词组,此外,还有合成谓语,这些都是一个单位,一个谓语,可是有的句子的谓语部分里包含有两个或者两个以上的谓语,它们表示一个密切相关的整体意义,中间不用关联词组,一般也不停顿。这种构造,叫作复杂谓语,例如:

(甲)他‖上街买东西。

(乙)我‖请他来。

甲例包含"上"和"买"两个谓语,乙例包含"请"和"来"两个谓语。两个谓语表示一个密切相关的整体意义。中间没有关联词语,也没有停顿,是复杂的谓语。

仔细分析起来,甲、乙两例是有区别的,甲的两个谓语都是直接说明主语的,谁上街?"他"上街,谁买东西?"他"买东西,这叫作共戴一个主语。乙例则不然,第一个谓语的宾语是第二个谓语的主语,两个谓语不共戴一个主语。谁请他来?"我"请他来,谁来?是"他"来,而不是"我"来,这个区别很重要,它把复杂的谓语分成两大类型,甲例代表一个类型,叫作谓语的连续,乙例代表另一类型,叫作谓语的延伸。

二、谓语的延伸

谓语的延伸,就是句子中的几个动词不是说明一个主语的句子,前一个动词的宾语又是后一个动词的主语;从前后的关系上说,后一个动词所以出现是由于前一个动词的要求,后一个动词出现后补充说明前一个动词表示的意思。因此说,后一个动词是前一个动词的延伸,例如:

(1)主任让李春元发表意见。

(2)党领导农民走合作化的道路。

(3)生产队邀请工人老大哥参观。

(4)团支部组织青年学习团课。

(5)党的教育使我们明确了自己努力方向。

例(1)"主任"是全句的主语,"李春元"是"让"的宾语,同时又是"发表"的主语,"意见"是"发表"的宾语。

例(2)"党"是全句的主语,"农民"是领导的宾语,又是"走"的主语,"道路"又是"走"的宾语。

例(3)"生产队"是全句的主语,"工人老大哥"是"邀请"的宾语,又是"参观"的主语。

例(4)"团支部"是全句的主语,"青年"是组织的宾语,又是学习的主语,"团课"是"学习"的宾语。

例(5)"教育"是全句的主语,"我"是"使"的宾语,又是"明确了"的主语,"方向"是"明确了"的宾语。

这种句子的特点是:谓语部分具有几个动词,动词和动词之间的关系很密切。前一个动词大部分是具有"使命"意义的动词,如:"使、叫、让、请、派、要求、禁止"等。后一个动词是前一个动词的延伸,来说明前一个动词表示动作的目的或要产生的结果。

例如(1)只有"主任"先发出"让"的动作,然后"李春元"才能发出"发表"的动作;同时,也只有"李春元"发出"发表"的动作后,"让"表达的意思才完整。否则,只说"主任让李春元",虽然也具有了主语、谓语、宾语,但是它并不能表达一个完整的意思,只有再"延伸一步"说出"李春元"做什么,这才是一句完整的话,句子中两个动词表示的动作有严格的先后顺序,"李春元"先接受了"让"的动作,然后才能发出"发表"的动作。也就是说,只有先做"让"的宾语后才能做"发表"的主语。所以"李春元"发出"发表"的动作,是动词"让"的结果。

还有一种谓语延伸,前边是动词,后边是形容词,如:

(1)同志们喜欢他诚实。

(2)永光爱凤兰勤俭朴实。

例(1)"同志们"是全句的主语,"他"是"喜欢"的宾语,又是"诚实"的主语。

例(2)"永光"是全句的主语,"凤兰"是"爱"的宾语,又是"勤俭朴实"的主语。

例(1)(2)和前面几个句子不同之处是谓语部分的前一个成分,大部分是表示"喜欢、厌恶、爱、恨"等心理活动的动词。后边的谓语主要是由形容词充当,如上例。前边的动词和后边的形容词在意义上有什么关系呢?后一形容词是前一动词表示动作的原因,比如:

例(1)"同志们"所以"喜欢他",因为"他诚实",也就是说"诚实"是喜欢的原因。

例(2)"永光爱凤兰"的原因是什么呢？因为"凤兰勤劳朴实"。这种句子的特点是,前一个谓语是动词,后一个谓语是形容词,从意义上来说,形容词表示的性质或状态是动词表示动作的原因。

此外,还有一种谓语延伸,即"有人找你"——这种格式的特点是:第一个谓语是"有"没有主语,全句是无主句,例如:

(1)屋里没<u>有</u>人<u>说</u>话了。

(2)第二天便<u>有</u>两段新歌<u>传</u>出来。

谓语延伸和主谓词组做宾语的句子,在结构上相似,不注意分辨,很易相混。但它们是截然不同的两种句子,要求大家一定要分辨清楚,下面举例比较一下:

(1)<u>队长</u>‖<u>叫</u>他去。

(2)<u>公社</u>‖<u>派</u>王长发同志去北池生产队。

(3)<u>我们</u>‖<u>看见</u>刘书记来了。

(4)<u>大家</u>‖<u>记得</u>他说过这件事。

从这四个句子的结构看起来,好像一样,实际上并不相同,例(1)和例(2)是谓语延伸,例(3)和例(4)是主谓词组做宾语,它们区别在哪里呢？

首先,例(1)谓语部分的两个动词"叫"和"去",例(2)谓语部分的两个动词"派"和"去",在结构和意义上都有比较密切的关系,前边已有分析,这里不再重复。相反的,例(3)谓语部分的两个动词"看见"和"来",例(4)谓语部分的两个动词"记得"和"说过",在结构上,前后两个动词不直接发生联系,如例(3)做"看见"的宾语是"刘书记来了"这一整体;在意义上,也没有说明与被说明的关系,换句话说,"刘书记"是否发出"来"的动作,和"我们"看见与否,没有直接的关系,"我们看见"也好,"我们没有看见"也好,"刘书记来了"这个事实是客观存在的。例(4)也是这样,"记得"的宾语是"他说过这件事"这一整体,"他"是否发出"说过"的动作,一点也不受动词"记得"表示动作的影响,其次,主谓词组做宾语的句子,它的宾语可以提前,比如例(3)和例(4)可以说成:

刘书记来了,我们看见了。

他说过这件事,大家都记得。

谓语延伸就不能有这样的变动,例(1)和例(2)如果说成:他去,叫队长。王长发同志去生产队,公社派。这就不成话,起码表示的意思不明确。

还有一点不同,主谓词组做宾语的句子,在谓语和宾语之间还可以加上一些别的成分。比如例(3)和例(4)可以说成:

我们看见昨天下午刘书记来了。

大家记得昨天下午他说过这件事。

谓语延伸不能在前一个动词和它的宾语之间加一些别的成分,比如例(1)和例(2)就不能说成:

队长昨天下午他去。

公社派昨天下午王长发同志去北池生产队。

区别谓语延伸句和主谓词组做宾语句的不同有什么作用呢?

主要是能够帮助我们正确地理解句子表达的意思。比如例(1)"他"发出"去"的动作,是"队长叫"的结果,例(3)"刘书记"发出"来"的动作和"我们看见"没有任何直接关系。如误认为例(3)谓语延伸,这句话的意思就发生了变化,这样要正确理解这句话的意思是不可能的。

三、谓语的连续

谓语的连续,就是句子中几个动词共同说明一个主语的句子,句子中的几个动词表示动作是连续发生的,有严格的前后顺序。例如:

(1)社员们上夜校学习文化。

(2)代表去北京参观。

(3)县委书记下乡了解群众的情况。

(4)大家想办法帮助他。

例(1)主语是"社员们",谓语部分的两个动词"上"和"学习"都是它的谓语。

例(2)主语是"代表",谓语部分的两个动词"去"和"参观"都是它的谓语。下面两例也如此。这种句子的共同特点:谓语部分的几个动词共属一个主语,它们表示的动作都是由一个主语发出的;动词和动词有比较密切的关系,有严格的前后顺序,比如:

例(1)只有先"上夜校"然后才能"学习文化"。例(2)只有先去"北京"然后才能"参观"。例(3)"下乡"在前,"了解群众的情况"在后,例(4)"想办法"在前,"帮助他"在后。从意义上说,两个动词有说明和被说明的关系。比如:例(1)"上夜校"是"学习文化"的方式。例(2)"参观"是"去北京"

的目的等。

谓语的连续可以细分为下边几个主要格式:

1.“他上街买东西” 这种格式的特点,两个谓语都是动词,他们有互相说明的关系,一般是后一个动作表明前一个动作的目的,“买东西”表明“上(街)”的目的,在一定的上文里,也可能是前一个动作表示后一个动作的方式或手段。下面再举些例子:

(1)大家热烈地鼓掌欢迎。

(2)凡真理‖都不装样子吓人。

(3)我们‖要开一个紧急会议讨论一件重要的事情。

(4)我们‖有办法解决这个问题。

2.“他笑着说” 这种格式的特点,两个谓语也都是动词,前一个动词常带助词“着”,它有表明后一动作的方式情态的作用。“怎样说?”,“笑着”说。下面再举些例子:

(1)我‖扛着锄头下地。

(2)他‖吃着饭看报。

3.“他用笔写字” 这种格式的特点,两个谓语也都是动词,前一个动词是“用、拿、靠”等,表明后一个动作的手段。

下面举些例子:

(1)他们‖拿不正确的态度对待马克思主义。

(2)在这个制度下,人民享受着广泛的民主自由,同时又必须用社会主义纪律来约束自己。

(3)共产党不靠吓人吃饭,而是靠马克思主义的真理吃饭,靠实事求是吃饭,靠科学吃饭。

4.“他倒杯茶喝” 这种格式的特点,两个谓语也都是动

词,后一个动词以前一个动词的宾语为对象,又同时表明前一个动作的目的。喝什么？喝"茶",倒茶干什么？倒茶"喝",例如:

(1)你‖可以找本字典<u>查查</u>。

(2)我‖现在<u>抽出</u>几条来<u>说</u>一说。

谓语连续和联合词组做谓语的句子也容易相混,下边举例比较一下:

(1)我们也<u>劳动</u>、也<u>学习</u>。

(2)大家<u>学习</u>并且<u>讨论</u>了这个报告。

这两个句子虽然都有两个动词做谓语,但它们不是谓语连续。首先,两个动词没有严格的前后顺序,比如例(1)也可以说成"我们也学习、也劳动",在表达的意思上没有什么变化。其次,两个动词表示的动作没有说明被说明的关系。例(2)的两个动词,虽然有先后的顺序,比如先"学习",后"讨论",但这并不是谓语的连续,因为在两个动词之间用了连词"并且",而且两个动词共管一个宾语"报告",另一方面也可以说:"大家学习了这个报告,也讨论了这个报告",从意义上看,"学习"不是"讨论"的方式,"讨论"也不是"学习的目的,两个动词表示的动作也没有说明与被说明的关系"。

复杂谓语分为两大类:谓语延伸和谓语连续。

为了便于辨认这类句子,归纳起来,复杂谓语有以下几个特点:

1.谓语部分必须有两个或两个以上的动词,或者其中一个是形容词;

2.谓语部分的几个动词的次序是固定的,前后不能变动;

3.动词和动词之间不能停顿,不需要带连接词语;

4.动词和动词在意义上有说明与被说明的关系;

5.谓语延伸的几个动词各有主语,谓语连续的几个动词共同说明一个主语。

这一章比较复杂,希望反复学习,认真领会。

第九章　复杂的单句

一、复杂单句的构成

复杂单句的构成有两种情形:一种情形是句子里用了词组做句子的成分,同时增加了定语、状语、补语等连带成分。例如:

(1)我们‖[正在]做我们的前人从来没有做过的[极其]光荣伟大的事业。

(2)我在前面说的没有明确地解决为什么人的问题的事实,‖在[这一点上]也表现出来了。

(3)人民公社‖是一九五八年"大跃进"中,农业生产大发展、农田水利大发展、农民办工业的积极性和农民社会主义觉悟大高涨的产物。

例(1)句,宾语带有 a、b 两个定语,a 是主谓词组,b 是联合词组,b 又有它自己的状语"极其";谓语"做"前边也有状语"正在"。

例(2)句,主语带有 a、b 两个定语,a 是主谓词组,b 是动宾词组,谓语前边有两个状语,其中的 c 是介词结构。

例(3)句,谓语"是……产物"带有两个定语,第二个定语

b 相当长,是由三个主谓词组构成的联合词组。

复杂单句的构成还有另一种情形,就是用了复杂的谓语,复杂谓语的各种形式可以套在一起来用。例如:

(1)铁扇公主虽然是一个厉害的妖精,孙行者却<u>化为</u>一个小虫<u>钻进</u>铁扇公主的心脏里<u>去</u>把她<u>战败</u>了。

(2)老主任<u>用</u>小烟锅子<u>敲着</u>桌子<u>说</u>。

(3)我们<u>有</u>权利<u>要求</u>你这样<u>做</u>。

(4)他<u>叫</u>他弟弟<u>上</u>街<u>买</u>报<u>看</u>。

例(1)句的“化为一个小虫钻进铁扇公主的心脏里去”和“钻进铁扇公主的心脏里去把她战败了”都是谓语连续的第一种格式。

例(2)句“用小烟锅子敲着桌子”是谓语连续的第三种格式,“敲着桌子说”是谓语连续的第二种格式。

例(3)句的“有权利要求你”是谓语连续的第一种格式,“要求你这样做”是谓语延伸的第一种格式。

例(4)句的“叫他弟弟上街”是谓语延伸的第一种格式,“上街买报”是谓语连续的第一种格式,“买报看”是谓语连续的第四种格式。

二、怎样分析复杂的单句

对于上边讲的第一种复杂单句,分析时候要注意两点:

第一,抓主干。句子的主语、谓语和宾语是句子的主干,定语、状语和补语是从主干上发出的枝叶。抓住主干,无论句子的构造怎样复杂,都会以主干为中心分成为几个关系分明的部分,也就头绪清楚了。拿上边的几个例子来说:

例(1)的主干是"我们……做……事业"。

例(2)的主干是"……事实……表现出来了"。

例(3)的主干是"人民公社……产物",首先抓住主干,就容易把句子的结构弄清楚。

第二,化繁为简。句子里如果有词组做句子成分,要把它看作一个单位,看作一个词,这样就可以化繁为简,头绪清楚了。

对于上边讲的第二种复杂单句,即包含复杂谓语的句子,分析时可以采取这样的步骤:

先看第一、第二两个谓语之间是什么关系,再看第二、第三两个谓语是什么关系,这样依次分析下去,就容易把它们的关系弄清楚。

为了便于大家区分句子成分,请记好这几句话:

主谓宾定状补,主干枝叶分清楚;

主语必在谓语前,谓前谓状谓后补。

第十章　复指成分

用两个词或者词组指同一的人或事物,而且他们在句子里做同一个成分,这便是复指成分。例如:

我们的首都北京 ‖ 是一个非常美丽的城市。

"我们的首都"和"北京"指同一事物,在句子里做同一个句子成分(主语)。分开来说,"我们的首都"是主语,"北京"也是主语;合起来说,它们是复指成分。

常见的复指成分有:重叠复指、称代复指、总分的复指。下面分别讲述。

一、重叠的复指

复指成分在一起,在意义上互相补充说明,这叫作重叠的复指。如:

(1)我们 ‖ 热爱伟大的领袖毛泽东。

(2)他姐姐小芳 ‖ 今年十六岁。

(3)老王这个人的品质 ‖ 真好!

(4)这 ‖ 是我们大家的事情。

重叠的复指,两部分在意义上互相补充说明,使表达的意思更加明确清楚。有时候,重叠复指的前一部分对后一部分有明显的注释说明作用,如(1)(2)两例。有时候,这种注释性的部分放在后边,那么它的前后常用逗号,或者前边不用逗号用破折号。如:

（5）<u>北京</u>，<u>我们的首都</u>，‖是一个非常美丽的城市。

（6）<u>她</u>，<u>刘和珍君</u>，‖那时是欣然前往的。

（7）这‖就是<u>朝鲜战场上一次最壮烈的战斗——松骨峰</u>
<u>战斗</u>。

重叠的复指从形式上看像联合词组，应该注意加以
区别。

联合词组各项所指的人或事物，不是同一的，中间可以
用连词；重叠的复指是表示同一的人或事物，中间不能用连
词。"哥哥和姐姐"可以说成"哥哥和姐姐"，指的是两个人，
是联合词组。"他姐姐小芳"指的是同一个人，是重叠的
复指。

重叠复指的两个部分之间不能插入"的"字，"我们大家"
不能说"我们的大家"；因此，不能把重叠复指的第一个部分
看作定语。

二、称代的复指

把句子里的一个结构比较复杂的成分提到句子的头上，
然后在它原来的位置上用一个代词来指称它，这个代词和它
所称代的那个结构比较复杂的成分，构成称代的复指，比较
下边两句：

（1）<u>他愿意参加农业生产</u>‖很好。

（2）<u>他愿意参加农业生产</u>，这‖很好。

例（1）句的主语是"他愿意参加农业生产"这个主谓词
组，例（2）句是把这个主谓词组放在句子头上，然后用一个代
词"这"放在原来位置上做主语，"这"所称代的就是人"他愿

意参加农业生产",二者构成称代的复指。再如：

（3）爱护和教育儿童，这 ‖ 是我们的责任。

（4）祖国的首都北京，我们 ‖ 热爱它。

（5）这位同日本侵略者周旋了整整十年的老战士，他的作战经验 ‖ 是非常丰富的。

称代的复指一方面有强调作用，一方面使句子的结构更加紧密。词组（特别是主谓词组）做主谓时往往用称代的复指，因而指代的复指以主语为常见，如例（2）（3）都是。也可以是宾语，如例（4）或者定语，如：例（5）。

三、总分的复指

先提出一个总说的部分，然后再分开说。例如：

（1）父子二人，爸爸 ‖ 是全劳动力，儿子 ‖ 也能做些活。

（2）敌人倒的倒了，退的 ‖ 退了。

（3）操场的学生，有的 ‖ 玩球，有的 ‖ 跳绳，有的 ‖ 唱歌。

还有一种总分的复指——先分开说，然后总说。如：

（4）我们 ‖ 非常崇敬刘英俊、蔡永祥那些英雄。

（5）主观主义、宗派主义和党八股，这三种东西，‖ 都是反马克思主义的。

还有简略句和无主句在这里就不写了。

第十一章　复句

一、什么是复句

两个或者两个以上的单句合起来构成一个比较复杂的句子,叫作复句。例如:

(1)如果我们今天不反对新八股和新教条主义,则中国人民的思想又将受另一种形式主义的束缚。

(2)我们不但要提出任务,而且要解决完成任务的方法问题。

(3)共产党员的党性,就是无产者阶级性最高而集中的表现,就是无产者本质的最高表现,就是无产阶级利益最高而集中的表现。

关于复句的结构,要注意几点:

(1)单句是由词或词组构成的,复句是由几个单句构成的。构成复句的每一个单句叫作分句,一个复句至少要有两个分句。分句和分句之间一般有一个较大的停顿,在书面上常用逗号或分号表示。

(2)并不是随便拿几个单句凑在一起就能构成复句,比如,我是教师和我喜欢滑冰,就不能够成复句,因为他们在意义上毫无瓜葛。必须在意义上有联系的一些单句才能放在一起构成复句,这就是说,复句中的几个分句在意义上是互相联系的,我们常用一些关联词语(连词或者副词)来表示分句间的关系。

(3)复句里的一些分句常常采取简略句的形式,把已经见于别的分句成分省去不说。例(2)的第二分句省略了主语"我们",例(3)的第二、三两个分句都省略了主语"党性"。

二、复句的种类

复句和复句的关系是多种多样的,但从大的方面看,不外乎两种:即联合复句和偏正复句。比较下边两个复句:

甲:哥哥是医生,姐姐是学生。

乙:因为哥哥是医生,所以我多少懂得一点医学常识。

甲例,前一个分句说哥哥的职业,后一个分句说姐姐的职业,一个分句说一件事情,每个分句在意义上都没有说明另一个分句的作用。两个分句没有主次之分,地位是平等的。分句之间有这种关系的复句叫联合复句。

乙例,前一个分句说明原因,后一个分句说结果,两个分句在意义上互相依靠。后一个分句是全句的主要意义所在,可以叫正句,前一个分句对正句有说明作用,可以叫作偏句。分句之间有这种关系的复句叫偏正复句。

三、联合复句

联合复句的分句之间有并列、递进、选择、连接等几种。

1. 并列关系(A、B、C……)　几个分句分别说出有关的几件事,分句和分句之间的关系是平行的、并列的。如:

(1)玉米种完了,豆子也种完了。

(2)虚心使人进步,骄傲使人落后。

（3）人民解放军横渡长江,南京的美国殖民政府如鸟兽散。

（4）文艺批评有两个标准,一个是政治标准,一个是艺术标准。

这种复句没有专门用来表示并列关系的连词,有的在后一个分句用副词"也""还"等表示和前一分句呼应,也有的在两个分句中各用一个副词,表示连接作用,如：

（1）他们又高兴、又感激。

（2）水又急,浪又高。

2. 连接关系（A—B—C） 前一个分句和后一个分句说明的事实是连续发生的事情,分句和分句的前后次序不能调换。如：

（1）大家讨论完了要收的准备工作,接着就谈起秋播的问题。

（2）他扫完了院庭,还挑了两缸水。

复句中分句表示的意思,有先后的时间顺序,是一个一个地接着说下来的。这种复句的后一分句是接着先前的分句说下来的,所以前一分句一般不用连接词语,在后一分句中常用"于是、从而、接着、又、还、也、便"等词表示和前一分句呼应。

3. 递进关系（不但 A,而且 B） 前一分句提出一个事实,后一分句表示的意思在前一分句表示事实的基础上再深入一层,又进一层。常用"……并且（而且）……""不但（不仅）……而且（还、也）……"这一类的关联词语。例如：

（1）他接受了批评,并且立刻改正了错误。

（2）党八股这个形式，不但不便于表现革命精神，而且非常容易使革命精神窒息。

（3）所以社会的经济性质，不仅规定了革命的对象和任务，又规定了革命的动力。

4. 选择关系（A 或者 B） 几个分句分别说出几样事情，只在其中选一个，有的是"或此或彼"，有的是"非此即彼"。常用"（或者……或者……）""不是……就是……""要么……要么……""是……还是……"这一类的关联词语，如：

（1）或者战胜暂时的困难，或者被暂时的困难吓倒。

（2）要么你来，要么我去。

（3）是他说得对呢？还是你说得对呢？

（4）对于阶级敌人，不是你死，就是我活……

（5）或者你去，或者我去，或者我们都去。

选择关系的复句，在分句中一般要用连词。应该注意的是用"或者"连接的句子，在句子中可以只用一个"或者"也可以用两个或三个。用"不是……就是……""要么……要么……"等连词，不能单用一个，必须"成双"地用，因为它们表示的是"二者必居其一"的意思，语气更肯定些。

联合复句比偏正复句要简单些，可是运用联合复句时也要注意分句和分句之间的关系，它们配搭得是否得当？联合复句常犯的毛病主要也是在分句和分句的搭配上。下面列举几个病句，大家试分析：

（1）他不是劳动，就是弄庄稼，一时也不肯闲着。

（2）王德林不但是我的好同志，而且也是我的老同学。

（3）放下饭碗，他就下地了，扛上锄头。

（4）他不但是名闻四乡的兽医，而且是很有经验的饲养员。

例（1）是选择关系的复句，可是前后两个分句没有选择的可能，因为"弄庄稼"也是"劳动"的一种。如果改成："他不是在家里做活，就是到地里弄庄稼，一时也不肯闲着"，这就是选择关系的复句了。

例（2）是递进关系的复句，就本句看来，两个分句没有"进一层"的意思，因为"老同学"的关系，不一定比"好同志"的关系就深一步。应该去掉连词"不但……而且……"改成并列关系就通了。

例（3）是连接关系的复句，后一个分句"扛上锄头"放在"他就下地去了"分句之前，这才合乎前后的时间顺序。

例（4）两个分句次序调换一下，这才是递进关系的复句。

为了帮助大家辨认各种关系的连词，下边把联合复句中表示连接作用的词语列成一表：

联合复句
├ 并列关系 ┤ 也、就
│   └ 又……又……
├ 连接关系 ┤ 于是、从而、接着
│   └ 也、便
├ 递进关系 ┤ 不但（不仅）……而且（并且）……
│   └ 况且
└ 选择关系 ┤ 或者……或者……
           └ 要么……要么……，不是……就是……

四、偏正复句

偏正复句的分句之间有转折、假设、条件、因果、取舍等关系。分句的次序一般是偏句在前,正句在后。

1.转折关系(虽然 A,但是 B) 后一个分句不是顺着先一个分句的意思说下来,而是转了个弯,说出同前一个分句相反的意思。两个分句所说的事情似乎不相容,可是都是真的。常用"……,但是(可是、然而、不过、却)……""虽然(尽管)……,但是(可是、却)……"这一类的关联词语。如:

(1)唯物主义者并不一般地反对功利主义,但是反对封建阶级的资产阶级的、小资产阶级的功利主义。

(2)矛盾是普遍存在的,不过按事物的性质不同,矛盾的性质也就不同。

(3)他们虽然在组织上入党很久,但在思想上还没有入党。

(4)战争时期固然需要短文章,但尤其需要有内容的文章。

2.假设关系(如果 A,就 B;即使 A,也 B) 偏句说的是一种假设的情形,正句说出要是假设的情形实现了就会有怎样的结果。常用"如果(要是、假如、只要)……,就(那么)……""即使(就是、纵然)……,也……"这类关联词语,如:

(1)如果不了解敌友我三方面的宣传状况,我们就无法正确地决定我们的宣传政策。

(2)假若我们还要维持庞大的机构,那就会正中敌人的奸计。

(3)即使我们的工作得到了极其伟大的成绩,也没有值得任何骄傲自大的理由。

(4)一个人只要他对别人说话,他就是在做宣传工作。

"如果A,就B"这种句式,表示一般的假设关系;"即使A,也B"这种句式,在表示假设关系的同时,还兼有转折的意味。

3. 条件关系(只有A,才B;无论A,都B) 偏句提出唯一的条件,正句说明只有在这样条件下才能产生的这样结果。常用的关联词语是:"只有(除非)……,才……"。如:

(1)只有你意识到这一点,你才能更深刻了解我们的解放军战士在珍宝岛奋不顾身的原因。

(2)除非你把缺点改了,你才会进步。

偏句排出一切条件,正句说明在任何条件下某种结果都会产生。常用的关联词语是:"无论(不管)……,都(总)……"。如:

(1)无论困难多么大,我们都能克服。

(2)不管你信不信,事实总是事实。

4. 因果关系(因为A,所以B;既然A,就B) 偏句说明原因,正句表示结果。常用"因为……,(所以)……""……,所以(因此,因而)……""既然……,就……"这类关联词语。如:

(1)因为社会主义觉悟提高了,他的干劲很大。

(2)那件事给我的印象非常深刻,所以我时时想起。

(3)既然文艺工作的对象是工农兵及其干部,就发生了一个了解他们熟悉他们的问题。

"因为 A,所以 B"和"既然 A,就 B"这两种句式,都是表示因果关系的,可是用法不完全一样:前者主要是说明原因,后者着重于推论结果。

5.取舍关系(与其 A,不如 B) 两个分句表示的意思相比较,偏句说出舍弃的一面,正句说出采取的一面,这就更能突出正句要表达的意思,如:

(1)与其过安逸的生活,不如到劳动中去锻炼。

(2)宁肯前进一步死,决不后退半步生。

(3)我宁可先把自己的事情搁一搁,也不能不帮助他。

这种复句常用"与其……不如""宁肯……也不"等关联词语。

上面讲的偏正复句,都是偏句在前,正句在后,这是一般的格式。有些偏正复句,有时候也可以正句在前,偏句在后,有补充说明正句的作用,或者有加强偏句语意的作用。如:

(1)他的性格,在我的眼里和心里是伟大的,虽然他的姓名并不为许多人所知道。

(2)美国的白皮书,选择在司徒雷登业已离开南京,快要到华盛顿,但是尚未达到的日子——八月十五日发表,是可以理解的,因为他是美国侵略政策彻底失败的象征。

五、多重复句

上面讲的复句,每个分句都是一个单句,整个复句在结构上只有一个层次。此外,还有一些复句包含了三个或更多的分句,分句之间的关系一层套一层,也就是说,复句还包含

"小复句",这样整个复句就有两个或者更多的层次。例如:

(1)我们面前的困难是有的,‖(2)而且是很多的,|(3)但是我们确信:一切困难都将被全国人民的英勇奋斗所战胜。

这个复句由三个分句组成。(1)和(2)合起来是复句的前一部分,(3)是后一部分,这两个部分是转折关系,用"但是"表示关联。这是第一层次(我们在分句间画一条竖线表示)。再分析下去,(1)和(2)两个分句又构成一个小复句,它们是递进关系,用"而且"表示关联。这是第二层,用"‖"表示。

有两个层次的复句是二重复句,有三个层次的复句是三重复句,依此类推;总起来叫多重复句。下面再举些多重复句的例子:

(1)不但教员是宣传家‖新闻记者是宣传家,‖文艺作者是宣传家,|我们的一切工作干部也都是宣传家。

(2)我们的同志如果把这个中心任务真正看清楚了,懂得无论如何要把革命发展到全国去,|那么,我们对于广大群众的切身利益问题,群众的生活问题,就一点也不能忽视‖一点也不能看清。

(3)提高是应该强调的,|但是片面地孤立地强调提高,|‖‖强调到不适当的程度,‖那就错了。

语法部分就讲这些了,有些考虑不太重要部分,本着"删繁就简"的精神,没有讲它,希望大家复习领会以上内容。

第十二章　标点符号

标点符号是书面语言中所不能缺少的,它的主要用途是:明确语意,表明语气。学习标点符号的使用方法,对我们阅读写作和教学都有一定的帮助。平时我们常常用文字来记录或代替语言、思想,如批作业、记日记、订计划、写总结等。我们在日常工作中是离不开标点符号的。因此,我们必须认真学习它、掌握它。

标点符号常用的有十三种:句号、问号、感叹号、逗号、冒号、引号、顿号、分号、着重号、书名号、省略号、破折号、括号。下面依次讲解:

1.句号(。)　表示陈述句的停顿,它必须具有完整的意思,如:

(1)战斗在激烈地进行着。

(2)拖拉机开走了。

上边的两例虽然很简单,但在结构上能够独立,并且有完整的意思。这样的句子自然要停顿一下。写的时候用在句尾,表示这个停顿。

2.问号(?)　用在一句话的末尾,表示疑问句的停顿,此外它有问话的语气。如:

工人农民和知识分子相比究竟谁聪明呢?

上例是表示疑问的,都需要下文来解答,所以用问号。但是使用问号时应该注意,虽然有的句子也有表示疑问的词,如"什么,怎样"之类,但不是问话,也不需要解答的,就不用问号。如:"我不知道他什么时候能来。"如果在"能来"后面用了问号就是错误的。

3. 感叹号(!) 表示感叹句的停顿

凡是意义和语气上带有显著的感情变化的句子,得用感叹号来表示。像赞颂、欢喜、悲叹、愤怒、惊讶、警告、命令、请求、愿望、标语口号等语句,无论句子里有没有叹词(如:"啊""呀")末了都要用感叹号。

有些句子,形式上像是一句问话,可是实际上并不需要回答,只是表示一种强烈感情的。如:"在旧社会哪有工人的活路!"这样的句子应该用叹号。有的人把问号和感叹号并用在一起,如"?"表示话里带有感叹和疑问的作用。又有了强调感情,把两个或者三个叹号并在一起用,如"!!""!!!"这样用是不妥的。

4. 逗号(,) 表示一句话中间的停顿。如:

(1)1893年,毛主席在韶山诞生了。

"1893年是主席诞生"的时间,在这句话里有领起和说明的作用,因此,停顿一下,用逗号。

(2)中国、阿尔巴尼亚和全世界的伟大前途,是共产主义。

(3)我们坚信,殖民地人民的反帝斗争一定胜利,帝国主义一定失败。

主语和谓语之间,动词和宾语之间,一般不用标点符号,但是主语部分过长,或者宾语部分过长,中间也可以用逗号。

例如(2)(3),我们应对它有个最基本的理解,即是在一个完整的句子还没有写完,而又需要停顿的地方,一般地说,也就是逗号活跃的地方了。

5.冒号(:) 表示提示语言之后的停顿。

提示语"放在前面引起注意,以便提出下文的话"。

例(1)老师问:"你叫什么名字?"

这句话里的"老师问"是提示语,含有告诉读者"请你们注意他要问什么"的作用。这样的提示语下面就用冒号。

凡是引用人家的话,或引用书刊上的话,不论多少,只要开头有"某人说"或者"某某书刊上说",说字下面一律用冒号。

例(2)徐老同志:你是我二十年前的先生,你现在……

"徐老同志"是对方的称呼,也是提示语。写出来就在提示语下边用个冒号。凡是信件的开端处,称"某某同志"或"某某单位",在人名或机关名下都用冒号。

例(3)为了保护山林,特订下列公约,大家共同遵守:

一、……二、……三、……

公约前面的话是提示遵守者的,所以在"大家共同遵守"的后边用冒号。凡是在公约或计划上有提示下文作用的均用冒号。

例(4)总之,我们应该做到两点:一、……二、……

"我们应该做到两点"是上文的问题归纳和总结,因此有重点提示的必要,故用冒号。一般在"那意思就是""我们从这可以看出"之类的词语之下也可以用冒号。

例(5)学习讨论记录:

时间:五月七日

地点:会议室

出席者:×××　×××

主持人:×××

记录:×××

这是以记录项目做提示语,故每个项目之下都用冒号。冒号下面字句都是各项的说明。

例(6)李春生:请你到东方红旅社 306 号找我。

这里以人名做提示语,所以人名下面用冒号。

6. 引号("" ' ') 表示文中引用的部分。例如:

(1)有的同志说:"列宁同志的外套可以进革命博物馆了。"

(2)论语上就有"三人行,必有我师焉"这一句话。

这两个例句,一个是引用人物的对话,一个是引用书刊上的对话。引用的话就在引号里面。

值得注意的是:引用的话不许随便改动。如果有了更动或转述某书上的话的大意,就不必用引号了。

凡是完整地照抄他人的话,末了的符号放在引号之内。如例(1)的句号放在引号之内。凡是把引用的话作为作者一句话的一部分,末了的符号在引号之外。如例(2)因为它成了作者转述语的一部分了。

例(3)张连石说:"今天早晨,我跟张兴久一块上班。张兴久说:'我看见孙成富,他说他快要出院了。'我听到后心里很高兴。"

凡是引话中的引话要用单引号。

例(4)这就是资本主义的"文明"。

这里的"文明"是指反面的意思。文章中凡用含意和本文相反的词语,都可以用引号。

7. 顿号(、) 表示句子里并列词语间的停顿。

例(1)反对帝国主义,封建主义和官僚资本主义,为中国的独立、民主、和平、统一和富强而奋斗。

一个顿号相当于一个"和""及"之类的连词。一般地说,只有两项的联合结构,以用"和""及"字连接为宜。用了"和""及"就不必再加顿号,如不止两项,则前几项用顿号,最后两项用"和""及"一类连词。如上例。

例(2)学习公约:一、……二、……三、……

这例句中的顿号是表示次序语后的停顿,句中的一、二、三是序次语。各序次语之后用顿号表示停顿,意思等于第一、第二、第三。

8. 分号(;) 表示句子里并列的分句间的停顿。

例(1)没有幼苗,就不会有成材的大树;没有基石,怎么建筑高楼大厦!

这个例句,在分句之间意思和结构都是并列的,所以在它们之间用分号来表示。

例(2)掌柜是一副凶脸孔,主顾也没有好声气,教人活泼不得;只有孔乙己到店,才可以笑几声,所以至今记得。

这个例句里的分句,论结构和论意思都不是并列的,但分句内部已用逗号,如果分句之间也用逗号,层次就不够清楚,看不清句子内部的段落;用句号,则把意思密切关联的分句变成了两个独立的句子。遇到这种情况,用分号还是比较合适的。

例(3)第一天不见诸葛亮有什么动静,第二天也不见有什么动静,到第三天四更的时候,诸葛亮秘密地把鲁肃请到船里。

这个句子包括三个并列分句,各分句间应用分号。但句子用了逗号,这里的逗号是代替分号的。

用逗号代替分号,需要两个条件:一、是整个句子和分句都是比较简短的;二、是说话的语气非常紧凑。不合这两个条件,仍应用分号。

9.着重号(·) 表示文中特别重要的语句,都用在文字下边。

例(1)第一,是最醒的现实主义。

10.书名号(《》) 表示书名篇名。

例《毛泽东思想育英雄》这本书很好。

11.省略号(……) 表示文中省略部分。

例(1)还有梨、苹果、大葡萄……真是多得数不清。

这个例句的省略号,和"等等"的作用一样。在举例或引用时写了一部分,推想别人已经理解了,就可以节省笔墨,用上省略号。表示重复的或类似的词句的省略。

如:他连声地喊道:"不要动,不要动……"

表示话未说完语意未尽,或说话的断续。如:

例(1)我没有思索地从外套袋里抓出一大把铜元,交给巡警,说,"请你给他……"

例(2)小翠改……改……改词了。

省略号占两个字的地位。

12.破折号(——) 表示文中注释的部分,有时也表示转折和说话的中断、停顿。主要有三种用法：

表示后边注释（补充说明）的话。

例（1）你把这个宝贝交给张妈——一个江北的大脚婆子。

表示后边是忽然转到旁边的话。

例（2）"好香的菜——听到风声了吗？"

表示说话的中断或声音的拉长。

例（3）……找到问过，可是——

例（4）喂；刘——英——俊！

13. 括号（（ ）） 表示文中注释部分。

例：师资班共三十四人（其中教过课的有十二人）。

上边的例句括号部分都是注释部分，它起着解释词语、补充说明、交代出处等作用。括号的注释是正文的附属品，应该让它紧接着正文。

第十三章 几种常见的修辞格

一、比喻

某一事物同另外的事物有相似的地方,不直接来描述这种事物,而用另外的一种事物来比方,这就是比喻。它可以把事物说得更具体、更生动,使人容易理解,像亲眼看见一样。

比喻的形式有以下几种:

1. 明喻——甲像乙 明显地用"好像","像……似的"等,表示打比方的事物和被比的事物有相像之处。例如:

(1)一个浑身黑色的人,站在老栓面前,眼光正像两把刀,刺得老栓缩了一半。

(2)那乌鸦也在笔直的树枝间,缩着头,铁铸一般站着。

(3)他的全身滚热,心急如火,汗珠雨点一般向下滴落……

(4)她抬头看时,白茫茫的风雪,像烟雾似的,遮住了半山坡。

有的明喻省去了"好像"之类的比喻词语,把比喻和被比的两部分分配成平行句法,这种比喻也叫引喻。例如:

(5)母亲留恋她的儿子,革命者留恋他的革命事业。

(6)射箭要看靶子,弹琴要看听众,写文章做演说倒可以不看读者不看听众吗?

2. 隐喻——甲是乙 把被比的事物直接说成是用来打比方的事物,表面上看不是比喻关系,然而其中却隐藏着比喻关系,所以要把甲说成是乙,是为了着重指出两者在某一点上非常像,可见这是一种比较强调的比喻。例如:

(1)毛主席是我们心中的红太阳。

(2)粉色的荷花箭高高地挺出来,是监视白洋淀的哨兵吧。

隐喻里面有时不用"是",而用"或""成为"等。

(3)这样地打遍全城,把十万守敌搅成一锅粥。

3. 借喻——乙代甲 不说出被比的事物,而用打比方的事物来代替被比的事物,这也是一种强调的比喻。例如:

(1)……今两虎相斗,其势不俱生。

(2)而正确的意见如果是在温室里培养出来的,如果没有见过风雨,没有取得免疫力,遇到错误意见就不能打胜仗。

从上面的例子中,可以看出比喻的内容是很丰富的,形式也是灵活多样的。有的刻画人、动植物,或是一种境界的形象特征,有的描写人物心理,有的说明事理。用来打比方的事物和被比的事物,有的可以组成单句,有的也可组成复句。

运用比喻要注意以下几点:

(1)比喻应该是浅显的,生动具体的,为人所熟知的。例如:"她跳水的时候,姿态那样美,好像敦煌壁画上的飞天一样"这样的比喻,别人就难以理解。

(2)用来打比方的事物和被比的事物要在本质上不同,同样性质或相同之处很多的两种事物不宜互相作比。如果说"冲锋枪的声音像机关枪一样响起来"就没有必要。

(3)两种性质不同的事物之间确有一点相似,才可以作比。例如:"他歌唱起来,就像刮大风一样",歌唱和刮大风很难说有什么相像之处,究竟在哪一点上相比,令人难以理解。

二、拟人

把人类以外有生命和无生命的各种事物,甚至一些抽象概念当作人来写,赋予它们人的言行,思想感情,这就是拟人的修辞方法。

用这种方法能生动形象地描述事物,更能表达强烈的感情,给人以鲜明的印象和亲切的感觉。拟人有以下几种:

用适合于人的动词、形容词来描写其他事物,例如:

(1)"赶快上,咱们的'大家伙头'(指大炮)发言了!"

(2)海参到处都是,懒洋洋地蠕动着。

把事物当作人来写,例如:

(3)亿万年被隔断着的龟和蛇紧紧地团结起来,伸长着铁臂。江里的鱼鳖也一定在欢欣鼓舞,庆贺新时代的飞跃乐而望归。

(4)烧焦的树木垂着头,弯着腰。

让事物像人一样说话,例如:

(5)忽然后面跑来一只狼,慌慌张张地说:"慈悲的先生,救救我吧!"

(6)椅子说:"我的主人坐在我身上,老是摇来摇去,把我的腿都摇坏了,真疼啊!"

有时人直接跟事物讲话,好像彼此有共同的语言。例如:小树苗哇,咱们来比赛,看谁学的本领大,看谁长得身体好。

由此看来,拟人的办法是多种多样的,有的童话、寓言全篇都运用拟人的方法。用拟人的方法来写的事物也是很多的,有动物,有植物,也有无机物。

运用拟人的修辞方法必须注意两点:

1.要合乎事物固有的特点,人格化以后还要不失其本来的面目,这样才合情理。如果跟事物的特点不合,就不恰当。

2.要合乎人物当时的心情,这样才能使人感到真实,亲切自然。如果中秋节晚上赏月时说:"月亮板着面孔"就与人当时的心情不相符合。

最后说一下,拟人具有比喻的性质,不过比喻是拿另一种事物来打比方,而拟人却是把事物当作人来写,比喻着重把两种相似的事物进行对比,拟人则把事物人格化,人和物融合为一。

三、借代

不直接说出某种事物的名称,而用另外一种密切相关的事物名称来代替,也就是改换名称,这种方法叫作借代。

借代主要是为了把意思表达得形象生动些,使人容易想象到事物的特征,从而获得鲜明的印象。借代的方法主要有以下几种:

借用事物形象上的特征或标志代替人或事物。例如:

(1)壁角的驼背忽然高兴起来。

(2)在这炮火之中,出现三个机警果敢的红领巾。

借用有关的具体事物代替抽象的概念。例如：

(3)鲁迅的骨头是最硬的。

借用事物最显著的部分代替事物的名称。例如：

(4)解放军不拿群众一针一线。

借用事物的材料或工具代替事物的名称。例如：

(5)我不能再干杯了。

借用特定的事物代替普通的,一般的事物。例如：

(6)人都叫她"豆腐西施"。

借用定数代替不定数。例如：

(7)百花齐放,百家争鸣。

用借代要注意：

(1)用以借代的事物要有明显的代表性,使人清楚地知道所指的事物。

(2)用形象特征来代替人物名称,上下文里要交代明白,如例(1)前面曾说过"这是驼背五少爷到了"。

(3)有的借代表现出幽默讽刺的意味,在庄重严肃的场合不宜用。

借代和借喻不同。虽然它们都只出现一种事物,但借喻中实际上有两种事物,否则就无从比起。至于借代,却只有一种事物,只不过换个名称,没有把某一事物的名称直接说出来。还有,借喻中相比的两个事物,其间一定有相似的地方,而借代中借用的名称和原来的名称不一定有相似之处。

四、夸张

把所要描写的事物十分明显地夸大或缩小,便是夸张。

运用夸张能把对事物异乎寻常的感觉有力地表达出来,听的人或读的人不但不觉得不真实,反而得到更生动突出的印象。例如:

(1)士皆瞋目,发尽上指冠。(《荆轲刺秦》)

(2)蜀道之难难于上青天,使人听此凋朱颜。(《蜀道难》)

(3)大虫掀他不着,吼一声,就像半天里起了霹雳,震得那山岗也动了。

(4)他就是这么个脾气,有时为了芝麻大的一点儿事,也会生上三天气。

从以上的例子可以看出,有的夸张是把事物加以扩大,有的夸张是把事物加以缩小。许多夸张是往往通过比喻和比较来表现的。

运用夸张的方法要注意这几点:

1. 要用得自然,主观上要有突出的,异乎寻常的感觉,如果没有,就不要勉强用夸张的说法。

2. 夸张的运用必须明显地使人感到这是修辞的说法,不能让人误认为是事实的可能。例如形容一间卧室宽敞,说是"简直放得下八张床",人家就可能以为这是叙述事实。

3. 应有现实基础,不能故弄玄虚和浮夸。如果说什么"我要把地球当作皮球玩",就不切实际。

4. 运用夸张大都由于说话人着重叙述主观情意,而不是着重如实反映客观情况,因此夸张不宜用作科学记录,论证推理。例如人造卫星的重量就不能说"重于泰山"。

5. 运用比喻性的比较来夸张,特别注意比较的性质。普通的比较是同类事物相比,如"张三比李四高"。夸张的比较多半是用不同类的事物相比。

五、对比

把一个大的跟一个小的放在一起,两相比较,大的显得格外大,小的觉得格外小,写作中运用这种道理来描写事物,就叫作对比。

对比可以是一样事物的两方面,也可以是两样事物,可以从性质上对比,可以从形象上对比,也可以从时间、空间各方面来对比。例如:

(1)你是革命第一,工作第一,他人第一,而在有些人却是出风头第一,休息第一,自己第一。

(2)要是革命干劲大,泰山压顶也不怕。要是革命干劲小,见了砖头也吓倒。

(3)四个月前被一般人看不起的所谓"农民会"现在却变成了顶荣耀的东西。从前拜倒在绅士权力下面的人,现在却拜倒在农民权力之下。

对比不单可以用在词句方面,整段、整篇都可以用。如"反对自由主义"头两节扼要地阐明了我们的主张和自由主义的主张,这就是鲜明的对比。

运用对比的方法要注意以下几点:

1.必须是事物的本身可以对比时,才能用对比的方法,决不能硬凑。

2.对比要有目的、有意义,必须为文章的中心思想服务。

3.对比应该从事物的本质着眼,不要只看表面现象。

六、对偶

把结构相同或相似,意义相对或相关的两个句子或词组对称地排在一起,互相映衬或互相补充,叫对偶。

对偶的作用是使意义更加鲜明,形式整齐,音节和谐,加强表达效果。对偶大体可分两种:

意义相对的,如:

(1)横眉冷对千夫指,俯首甘为孺子牛。

(2)帝国主义和我们,除了它的奴才之外,哪一样厉害不和我们正相反?我们的病疽是它们的宝贝,那么,它们的敌人,当然是我们的朋友了。

意义相关联的,如:

(3)惨象,已使我目不忍视了;流言,尤使我耳不忍闻。

(4)天连五岭银锄落,地动山河铁臂摇。

(5)许多奇事,则见所未见,闻所未闻。

用对偶要注意:

1.要用得自然,意思上不需要对偶时,就不要勉强去对。

2.过去对偶除了字数相等,词义相反或相关,还要求词性一致,声调相对,对应的字不能相同。现在我们说的对偶能做到这点当然更好,不然,只要结构比较整齐匀称,意义相关或相反能加强语言的感染力也就行了。

还要说明一下,两层意思相对立的对偶也就是对比。不过,对偶主要是从形式上着眼,对比主要从内容上着眼;对偶也并非都是对比。

七、排比

把对偶扩大,用结构相似,意义密切相关的句子或词组,排成一串,就是排比。

运用排比把一连串有关的意思一口气说出来,力量充沛声调协调,能充分表现感情,透彻说明事理。有时分别轻重,一层层深入下去,使人得到的印象一步比一步加深。排比的运用是很广泛的。

句子的某一成分排比,例如:

(1)我们看到很多的新民歌着想超拔,形象鲜明,语言生动,音调和谐,形式活泼;它们是现实主义的,又是浪漫主义的。

复句中分句与分句排比,例如:

(2)铁路是咱们的了,大炮是咱们的了,汽车也是咱们的了。

(3)洋八股必须废止,空洞抽象的调头必须少唱,教条主义必须休息,而代之以新鲜活泼的,为中国老百姓所喜闻乐见的中国气派。

复句与复句的排比,例如:

(4)这里叫洋八股废止,有些同志却实际上还在提倡。这里叫空洞抽象的调头少唱,有些同志却硬要多唱。这里叫教条主义休息,有些同志却叫它起床。

有的排比表示层层递进的意思,也叫层递。例如:

(5)一切这些群众生活上的问题,都应该把它提到自己的议事日程上。应该讨论,应该决定,应该实行,应该检查。

(6)这种作风,拿了律己,则害了自己;拿了教人,则害了别人;拿了指导革命,则害了革命。

运用排比要注意:

1.排比的成分大都是联合的,联合的成分用得多,句子就会长起来,因此使用排比要注意长句的规律。

2.有的排比表达的几个相连的意思有先后、大小、深浅、轻重之分,要按照一定的顺序一层层地说下去。

3.要注意使用标点符号:要连接得紧凑,可以用顿号、逗号;要多停顿一下,可以用分号;要它们各自独立,简洁明快,可以用句号。

排比与对偶的区别:

1.对偶是两两相对,而排比是一连串,句数在三个或三个以上;

2.对偶字数要大体相等,排比可以不拘;

3.严格的对偶用词不能相同,排比常有共同的反复使用的词语。

八、设问

设问是用疑问句的形式来加强表达效果的修辞方法。一般的疑问句表示说话人对事物不了解,希望得到解答。而设问是无疑而问,并不需要回答,说话的人心里早有一定的意见,目的在引起人的注意。例如:

1.我们共产党人的最终奋斗目标是什么呢?就是要实现共产主义。

2.一切种类的文学艺术的源泉究竟是从何而来的呢?

作为观念形态的文艺作品,都是一定的社会生活在人类头脑中的反映的产物。

九、反问

反问和设问都是无疑而问,但是表达作用不完全相同。反问又叫反诘,激问,它是明明确定的意思不直接说出来,而用疑问句的形式反问一下,激发读者思考。例如:

(1)在这里,事情本来是非常清楚,毫无奥妙的,因为在全中国拥护社会主义的本来是绝大多数,社会主义运动本来是绝大多数人的运动,向绝大多数人挑战怎么能不身陷重围呢?

(2)但是难道反社会主义的资产阶级右派分子的反动言行,也可以受到保护,不受批判吗?

运用设问和反问要注意以下两点:

1.设问往往在论述的开头,引起以下的论述。反问常用在论述之后,这对结论已很明显,用反问的句式来强调一下就更有力量。

2.设问和反问都不能用得过多。应该只在需要突出,需要让人家注意的地方才用设问;问题十分清楚,而要激发别人思考,让他自己下论断时才用反问。

十、反复

在文章中反复地运用一词语或句子,就是反复的修辞方法。

它可以强调某一点,表达强烈的感情,音节也顿挫有力,能引起人家的注意,加深读者的印象。

有的相同的词语,句子紧紧连在一起,例如:

(1)……"就是它,就是它,一点也不错!"

(2)沉默啊,沉默啊!不在沉默中爆发,就在沉默中灭亡。

有的相同的或大体相类似的词句隔离开来,散在一篇文章的前后,互相呼应。例如:《藤野先生》前面写作者最初见到一个"黑瘦"的先生,他用"很有顿挫的声调"做自我介绍;中间写他"仍用了极有抑扬顿挫的声调"同作者谈话,最后鲁迅先生写夜间看到他的相片时的情景时又说:"仰面在灯光中瞥见他黑瘦的面貌,似乎要说出抑扬顿挫的话来。"文中间隔使用了"黑瘦""抑扬""顿挫"等词,加深了读者对藤野先生的印象。

从以上的例句中,我们可以知道反复和啰唆重复是不同的。说话写文章应避免重复啰唆的毛病。但当有强烈的感情特别要强调时,反复地说,却可以加强语言的表现力。另外,还要说明反复和对偶,排比往往配合着用,对偶,排比时常有反复的词语。例如:

(1)真的猛士,敢于直面惨淡的人生,敢于正视淋漓的鲜血。

(2)"糟得很",明明是站在地位利益方面打击农民起来的理念,明明是地主阶级企图保存封建旧秩序,阻碍建设民主新秩序的理论,明明是反革命的理论。

十一、反语

口头的、书面的意思跟心里实际要表达的意思完全相反，就是反语。

反语一般带有讽刺意味。它可以加强说话的力量，使人更深刻领会正面的意思。同时，它又是打击敌人，教育自己的有力武器。例如：

(1)当三个女子从容地辗转于文明人所发明的枪弹的攒射中的时候，这是一个怎样惊心动魄的伟大啊！中国军人的屠戮妇婴的伟绩，八国联军的惩创学生的武功，不幸全被这几缕血痕抹杀了。

(2)东郭先生非常感谢农民，连声说自己不该同情狼。老农民说："你还应该感谢这只狼呢，它使你懂得了怎样对待害人的东西。"

运用反语，最主要的一点就是要分清对象。对待敌人跟对待同志应有严格的区别，采取不同的态度。对待自己人要抱着善意的，治病救人的态度；而对付敌人要无情地揭露，沉重地打击。如果错用了，就会弄得敌我不分。

十二、引用

文章里常常引用成语、谚语、故事、典籍中的片段来强调，证实或说明自己的意思，引用可以节约文字，使语言简练，并增强说服力。

引用有以下两种：

1.明引 明白说出是成语、谚语、故事、经典著作，有时

用引号标明,或注明出处。例如:

(1)对于他们,第一步需要还不是"锦上添花",而是"雪中送炭"。

(2)俗话说:"到什么山上唱什么歌。"又说:"看菜吃饭,量体裁衣。"我们无论做什么事都要看情形办理,文章和演说也是这样。

(3)列宁还在 1905 年就已着重指出过,"我们的文艺应当为千千万万劳动人民服务"。

2. 暗引 把引用的话融化到自己的文章中,表面上看不出是引用。例如:

(4)项庄舞剑,意在沛公。右派"鸣放",意在攻击社会主义制度。推翻无产阶级专政和共产党的领导。

(5)嗟来之食,吃下去肚子要痛的。

例(4)中的"项庄舞剑,意在沛公"引的是"史记"中的故事。

例(5)中的"嗟来之食"引于"礼记"。

两例都是暗引。作者把它们很自然地组织到自己的文章中来,使自己的意思得到更有力的表达。

引用要注意以下几点:

1.引用的话必须和自己的话密切配合,和上下文取得自然的联系,不要无目的地引用。

2.要正确理解引用的语句,不能牵强附会,断章取义。

3.明引要慎重,忠实于原文,不可随便改动。

附录1 汉　　字

有人说汉字是黄帝的大臣仓颉创造的,也有人说是远古先民在无意中发明的,但无论怎样的说法,我们还是整理一下:

一、汉字七体

汉字经过了 3 000 多年的变化,其演变过程是:

甲骨文——金文——小篆——隶书——楷书——行书。

（商）　　（周）　　（秦）　　（汉）　　（魏晋,草书）

以上的"甲、金、篆、隶、草、楷、行"七种字体为"汉字七体"。

二、造字法

关于汉字的构造,古代有所谓"六书"的说法,即:

象形、指示、会意、形声、假借和转注。其中前四种是造字法,后两种是用字法。我们重点说一下前四种。

1. 象形

所谓象形,就是模仿实物形状的造字法。象形可以说是汉字的基础,是直接从画演变而来的。如:

日、月、木、门、石、云、爪、豆。

2. 指示

指用象征性符号来表示意义的造字法。也是独体字,一般表示较为抽象的意义。

如:本、末、寸、朱、亦。

3. 会意

用两个或两个以上独体字合起来表示一个新的意义的造字法。

如:从、北、耳、又。

4. 形声

形声字是汉字中数量最多的一类。它是指形旁和声旁并用的造字法,即用表示事物类别的字做形符,再取一个相同或相近的字做声符,形声相配组合成一个新字。

形声字从结构形式上来看,分为以下几种。

①左形右声:如,江、杨、醉、阶。

②左声右形:如,期、攻、雉、邺。

③上形下声:如,宇、花、箩、罟。

④上声下形:如,婆、基、装、然。

⑤内形外声:如,问、闻、闽、闷。

⑥内声外形:如,固、圃、闸、闺。

⑦形分左右,声置其中:如,街。

⑧声分左右,形置其中:如,辩。

⑨形分上下,声置其中:如,衷。

⑩声分上下,形置其中:如,哀。

⑪形置字角:如,荆、裁、栽。

⑫声置字角:如,徒、新。

⑬声形半包:如,句、府。

三、笔画表

汉字是由人类用一笔一画写成的,因此,要知道笔画名称。

笔画	名称	例字	笔画	名称	例字
丶	点	广	⺄	横 钩	写
一	横	王	ㄱ	横折钩	月
丨	竖	巾	乚	横折弯钩	九
丿	撇	白	㇌	横撇弯钩	那
丶	捺	八	㇋	横折折折钩	奶
㇀	提	打	ㄣ	竖折折钩	与
ㄑ	撇 点	巡	㇄	竖 弯	四
ㄥ	竖 提	农	㇍	横折弯	沿
㇈	横折提	论	フ	横 折	口
ㄅ	弯 钩	承	ㄴ	竖 折	山
亅	竖 钩	小	㇊	撇 折	云
ㄥ	竖弯钩	屯	㇆	横 撇	水
㇂	斜 钩	浅	㇡	横折折撇	建
ㄋ	卧 钩	心	㇓	竖折撇	专

四、汉字的书写

1. 笔顺

一个字先写哪一笔,后写哪一笔,叫笔顺。汉字的笔顺有一定规律,一般是:

先横后竖,如,十、下。

先撇后捺,如,人、木。

从上到下,如,主、完。

从左到右,如,川、州。

先外后里再封口,如,田、四。

先中间后两边,如,山、求。

从外到里,如,向、问。

比较特殊的书写规则:

①关于写点的顺序,应注意:

点在左上先写,如:斗、为、头。

点在右上后写,如:戈、发、我。

点在里面后写,如:瓦、丹、叉。

②竖在上面(左横的左面)在上包下或全包围结构里,一般先写,如:战、冈、圈。

③辶廴作偏旁的字和一些下包上的半包围结构,一般先内后外,如:过、延。

2. 汉字结构

独体字:如,天、木。

左右结构:如,说、你。

上下结构:如,忠、秀。

左中右结构:如,谢、做。

上中下结构:如,意、喜。

全包围结构:如,国、园。

半包围结构:如,同、凶。

品字结构:如,森、晶。

五、易错汉字

　　有些字容易被写错,是由于近似字的干扰。这样的字,或形似,或音同,或音近,而字意又往往相关,倘不辨析清楚,难免张冠李戴。(括号里的字为正确字)

1. 按装(安)　　　　2. 甘败下风(拜)　　3. 自抱自弃(暴)

4. 针贬(砭)　　　　5. 泊来品(舶)　　　6. 脉博(搏)

7. 松驰(弛)　　　　8. 一愁莫展(筹)　　9. 穿流不息(川)

10. 精萃(粹)　　　11. 重迭(叠)　　　　12. 渡假村(度)

13. 防碍(妨)　　　14. 幅射(辐)　　　　15. 一幅对联(副)

16. 天翻地复(覆)　17. 言简意骇(赅)　　18. 气慨(概)

19. 一股作气(鼓)　20. 悬梁刺骨(股)　　21. 粗旷(犷)

22. 食不裹腹(果)　23. 震憾(撼)　　　　24. 凑和(合)

25. 侯车室(候)　　26. 迫不急待(及)　　27. 既使(即)

28. 一如继往(既)　29. 草管人命(菅)　　30. 娇揉造作(矫)

31. 挖墙角(脚)　　32. 一诺千斤(金)　　33. 不径而走(胫)

34. 峻工(竣)　　　35. 不落巢臼(窠)　　36. 烩炙人口(脍)

37. 打腊(蜡)　　　38. 死皮癞脸(赖)　　39. 兰天白云(蓝)

40. 鼎立相助(力)　41. 再接再励(厉)　　42. 老俩口(两)

43. 黄粱美梦(梁)　44. 了望(瞭)　　　　45. 水笼头(龙)

46. 杀戳(戮)　　　47. 痉孪(挛)　　　　48. 美仑美奂(轮)

49. 罗嗦(啰)　　　50. 蛛丝蚂迹(马)　　51. 萎糜不振(靡)

52. 沉缅(湎)　　　53. 名信片(明)　　　54. 默守成规(墨)

55. 大姆指(拇)　　56. 沤心沥血(呕)　　57. 凭添(平)

58. 出奇不意(其)　59. 修茸(葺)　　　　60. 亲睐(青)

61. 磬竹难书（罄） 62. 入场卷（券） 63. 声名雀起（鹊）

64. 发轫（轫） 65. 搔痒病（瘙） 66. 欣尝（赏）

67. 谈笑风声（生） 68. 人情事故（世） 69. 有持无恐（恃）

70. 额首称庆（手） 71. 追朔（溯） 72. 鬼鬼祟祟（祟）

73. 金榜提名（题） 74. 走头无路（投） 75. 趋之若鹜（鹜）

76. 迁徒（徙） 77. 洁白无暇（瑕） 78. 九宵云外（霄）

79. 渲泄（宣） 80. 寒喧（暄） 81. 弦律（旋）

82. 膺品（赝） 83. 不能自己（已） 84. 尤如猛虎（犹）

85. 竭泽而鱼（渔） 86. 滥芋充数（竽） 87. 世外桃园（源）

88. 脏款（赃） 89. 醮水（蘸） 90. 蛰伏（蛰）

91. 装祯（帧） 92. 饮鸠止渴（鸩） 93. 坐阵（镇）

94. 旁证博引（征） 95. 灸手可热（炙） 96. 九洲（州）

97. 床第之私（笫） 98. 姿意妄为（恣） 99. 编篡（纂）

100. 做月子（坐）

六、拼音

汉语拼音是识字和学习普通话的重要工具。汉语拼音方案是声母表、韵母表、字母表、声调符号和隔音符号五部分组成。

1. 拼音儿歌

ａ ａ ａ 张大嘴巴， ａ ａ ａ 牵牛花开吹喇叭！

ｏ ｏ ｏ 圆圆嘴巴， ｏ ｏ ｏ 公鸡清早叫喔喔！

ｅ ｅ ｅ 扁扁嘴巴， ｅ ｅ ｅ 村边一群大白鹅！

ｉ ｉ ｉ １上加点， ｉ ｉ ｉ 啄木鸟捉虫把树医！

ｕ ｕ ｕ 竖弯加竖， ｕ ｕ ｕ 三只小猪盖新屋！

ü ü ü u 上两点, 　 ü ü ü 鲤鱼翻波要下雨!

b b b 右下半圆, 　 b b b 米老鼠最爱听广播!

p p p 右上半圆, 　 p p p 唐老鸭游泳把水泼!

m m m 两扇小门, 　 m m m 小马磨粉做馍馍!

f f f 伞柄朝上, 　 f f f 唐僧师徒去拜佛!

2. 四声符号歌

一声平,二声扬,三声拐弯,四声降。

3. 标调歌

见到 a 不放过,没有 a 找 o、e,i、u 相遇标在后,一个韵母最好说。

4. 拼音拼写歌

j q x 真有趣,从不和 u 在一起。

j q x 真淘气,见了鱼眼就挖去。

小 ü 见大 y,脱帽行个礼,摘掉帽子还念 ü。

附录2 词 语

一、词语的构成

词语按照读音情况可以分为单音词和多音词。

单音词:指由一个音节组成的词。

多音词:指由两个或两个以上的音节组成的词。

二、词语种类

①同义词——意义相同或相近的词。

例如:大夫—医生 激光—镭射

②反义词——意义相反或相对的一组词。

例如:好—坏 善—恶。

③近义词——意义相近的词。

④单义词——只有一个意义,叫单义词。

例如:汽车、飞机。

⑤多义词——有的词有几个互相联系的意义。

例如:海。

三、熟语

1. 成语

成语是人们在长期运用语言的过程中形成的一种固定词组,它的来源主要有以下几种:

①寓言成语

如:杞人忧天、愚公移山、井底之蛙、自相矛盾、守株待兔、滥竽充数等。

②神话传说

如:夸父追日、女娲补天、精卫填海、牛郎织女、海市蜃楼、天衣无缝等。

③历史故事

如:草木皆兵、纸上谈兵、破釜沉舟、完璧归赵、指鹿为马等。

④名言警句

如:自强不息,天行健,君子以自强不息;

厚德载物,地势坤,君子以厚德载物;

鞠躬尽瘁,死而后已。

⑤宗教

如:立地成佛、鸡犬升天、点石成金、灵丹妙药、长生不老、借花献佛、降龙伏虎、脱胎换骨。

⑥民谚俗语

如:投鼠忌器、唇亡齿寒、殃及池鱼、城门失火。

四、谚语

谚语是民间集体创造,广为流传,言简意赅并较为定型的艺术语句,是民众丰富智慧和普遍经验的规律性总结。

长虫过道,大雨要到。

东北有三宝:人参、貂皮、乌拉草。

官不贪财,狗不吃屎。

放虎归山,必有后患。

寒从脚起,病从口入。

早晨起得早,八十不觉老。

吃不穷,喝不穷,算计不到才受穷。

五、歇后语

歇后语是一种具有独特艺术结构形式的民间谚语,它一般由两个部分构成,前半截是形象的比喻,像谜语,后半截是解释、说明,像谜底,十分自然贴切。如:

一个巴掌打不响——孤掌难鸣。

懒婆娘的裹脚布——又长又臭。

黄鼠狼给鸡拜年——没安好心。

六、格言

格言是具有教育意义的短语句,出自名人或智者之口,语言形式简洁而精练。

七、谜语

谜语是一种语言技巧,语言艺术,它既可启发人们的想象力,锻炼智力,又能增长知识,丰富文化生活。

如:争帝图王势已倾(无靶),八千兵散楚歌声(无弦)。

乌江不是无渡船(无梢),羞向东吴再起兵(无面)。

附：词语故事

断　肠

形容悲伤到极点多用断肠、肠断、肝肠寸断。传说东晋时有个姓桓的大官到蜀地去，船在三峡航行，手下有人捉到一只小猿，母猿沿岸哀叫，跟着船走了数百里还不肯离去，后来跳到了船上，气绝而死。剖开它的肚子，只见肠已裂成一寸一寸的了。桓某知道此等情景后，内心十分不忍，命令把这个手下人革除不用。从此，形容悲痛到极点就用肠断或者断肠了。

倒　霉

为什么说做事不顺利，或者遇到不吉利的情况，就叫"倒霉"呢？原来封建时代读书人要做官，都要参加科举考试。明朝时，考试录取很难，如果录取了，就在门前立旗杆一根；如果考不中，就把旗杆倒下拿走，称为"倒楣"。"楣"本是门上的横木，这里指高杆。"楣"与"霉"读音相近，江浙一带的人就把遇事运气不好、不吉利叫"倒楣"，亦即"倒霉"了。

碧　血

"碧血"和"丹心"常常连在一起，例如"甘洒碧血献丹心"，是对为国为民而死者的称颂，"碧血"也就是为正义事业而流的鲜血了。

为什么称"碧血"而不叫其他什么血呢？原来有个出典：春秋时有个叫苌(chang)弘的人，在诸侯内乱中被放归蜀地，后被剖腹而死。当地人被他的正气所感动,用盒子藏起他的血,三年以后血化成碧玉,这才用"碧血"指称为正义而流的鲜血。

春　晖

春晖,指春天的阳光。为什么用春晖比喻慈母的爱子之情呢?

原来唐代诗人孟郊有一首《游子吟》的诗,写的是慈母一针针一线线辛苦缝纫,制成衣服,让儿子穿上远离家乡。明晨就要远行了,母亲深夜还在密密缝缀,唯恐衣服不结实,怕久久在外的儿子经不起穿着。儿女对母亲的心意只像寸草那样柔弱,而母亲的恩情却像春天的阳光那样温暖,这是一种怎样的深深的爱子之情!后来,人们就用"春晖"比喻母亲的恩情了。

麦　城

相传楚昭王所筑,故址在今湖北当阳东南。又相传东有驴城,西有磨城,是伍子胥为攻麦城而筑,谚语:"东驴西磨,麦城自破",蜀汉关羽为吴将吕蒙击败,退走麦城。

糟　糠

指与自己生死相依、同甘共苦的妻子。东汉光武帝刘秀的姐姐湖阳公主丈夫死后,一直守寡,一天,她看中了大臣宋弘,就请她弟弟刘秀出面提亲。刘秀宴请宋弘,暗示宋弘,宋弘不为所动,陈述道:"贫贱之交不可忘,糟糠之妻不下堂!"

意思是说,在贫贱时结交的朋友,不能因自己的地位变了而忘记;同自己一起吃糠咽菜过苦日子的妻子,不能因为自己富贵了而抛弃,这番话使得刘秀不好再开口了。

红　豆

比喻爱情。传说古代的南方有一位女子,因夫君在外遇难,她在树旁终日哭泣,直至泪干气绝,死后化为红豆,人称"相思豆"。后来人们就用这鲜艳的红色豆子寄托男女之间的情事。

来　鸿

比喻来信。据《汉书·苏武传》载,苏武出使匈奴被扣,汉求释放苏武,匈奴谎称苏武已死,使者告诉单于,说汉天子射猎时获鸿雁,雁足系有帛书,言苏武等人还在某泽(贝尔加湖边)中,匈奴不得已释放苏武归汉。后遂用"来鸿""雁信"等作为书信的代名词。

折　桂

比喻榜上有名。晋朝时,郤诜(xì shēn)很有才学,一次,武帝问他自以为学问如何,郤诜回答:我举贤良对策是第一名,如桂树林中的一根枝条,如昆仑山上的一片玉石。

请　缨

意谓请战。《汉书·终军传》载:汉朝意欲让南越(粤)归顺,终军自请,愿受长缨(绳子),必将南越王羁缚而归顺汉廷。后来便用请缨指代请求杀敌或请求给予任务。

染　　指

比喻分取非分的利益。《左传》载:有一楚人给郑灵公献上一个鼋(yuán 龟),时值郑国贵族子公和子家入见郑灵公,入见前,子公的食指忽然跳动起来,他向子家说,以前我这食指跳动"必尝异味"。他俩入宫后,正赶上厨师杀鼋,子公和子家相视而笑。郑灵公问他们笑什么,子家就把子公"食指动""尝异味"的话告诉了郑灵公。到郑灵公赐诸大夫吃鼋时,却偏偏不让子公吃鼋肉,子公怒而用指染鼎,尝过后出来。

虎　　符

也叫兵符,古代调兵的凭证,朝廷和统兵将帅各执一半。《史记》载:秦军攻打赵国的国都邯郸。赵惠文王的弟弟平原君的夫人就是魏国公子信陵君的姐姐。他们给魏王和信陵君一再写信求救。魏王派将军晋鄙带领 10 万大军救赵。秦王派使者去威胁魏王,魏王害怕秦兵强大,派人通知晋鄙,把部队驻扎在邺水,名义上是救赵,实际上是静观待变,看究竟哪一边赢就帮哪一边。平原君不断地派使者来催援兵。信陵君怕万一赵国顶不住,唇亡齿寒,魏国地位难保,一再向魏王陈说利害,但魏王还是不肯听信陵君的意见。信陵君知道无法说服魏王,又不忍心眼看赵国被秦灭亡。于是约了自家的宾客,集合了大约 100 辆战车,奔向前线,打算与赵国共存亡。进军途中得到管理夷门的侯嬴建议,让魏王宠妃如姬偷出兵符。信陵君带了兵符出发,到了晋鄙军中,与晋鄙合符,核对无误,晋鄙心存怀疑,还是没有把兵权交给公子而要向魏王请示,信陵君无奈,只好杀了老将晋鄙,指挥军队向秦军进攻,秦军退去,邯郸围解,赵国也避免了亡国。

东 床

女婿的代称。东晋时,某太尉郗鉴让门人到姓王的人家去物色女婿,门人回说,王家少年都不错,但听到消息时,一个个都装出矜持的样子,只有一个年轻,坦腹东床,只顾吃东西,好像没有听到我们说话一样。郗鉴一听忙说,这个人是我物色的好女婿,郗鉴就把女儿嫁给了他。这个年轻人就是后来的大书法家王羲之。

衣冠禽兽

"衣冠禽兽"一词,源于明代官员的服饰。明代官员的服饰规定:文官官服绣禽,武将官服绘兽。文官一品绯袍,绣仙鹤;二品绯袍,绣锦鸡;三品绯袍,绣孔雀;四品绯袍,绣云雁;五品青袍,绣白鹇;六品青袍,绣鹭鸶;七品青袍,绣鸂鶒;八品绿袍,绣鹌鹑;九品绿袍,绣蓝雀。

武将一品绯袍,绘麒麟、二品绯袍,绘狮子;三品绯袍,绘豹子;四品绯袍,绘老虎;五品青袍,绘熊;六品青袍,绘彪;七品、八品绿袍,绘犀牛,九品绿袍,绘海马。因此,人们称文武官员为"衣冠禽兽",当时是一个令人美慕的赞美词。

书香门第

你知道"书香门第"这个词的意思吗？你知道它最早的意思是什么吗？其实原来是古人为防止蠹虫咬食书籍，便在书中放置一种芸香草，这种草有一种清香之气，夹有这种草的书籍打开之后清香袭人，故而称之为"书香"。

芸香草亦称芸草，为多年生草本植物，产于我国西部，有特异的香气，可以入药，嚼之有辛辣和麻凉的感觉。因为古人常在书籍中放这种草避驱蠹虫，所以除"芸人"指农人，"去芸"指众多外，与"芸"字有关的词多与书籍有关，如"芸编"指书籍，"芸账"指书卷，"芸阁"指藏书之阁，"芸署"为藏书之室，"芸香吏"则指校书郎。（摘自《熟语溯源》）

附：炼词逸事

王安石炼词

"春风又绿江南岸"是王安石的名句。相传，王安石写到此句时曾用过"春风又到江南岸/春风又至江南岸/春风又吹江南岸/春风又临江南岸"等动词。王安石总觉得没有把春天的魅力写出来！最后几经苦思终于跳出了一个"绿"字。把形容词用作动词，春天的魅力和活力就写出来了。此句也成了千古名句！

贾岛炼词

唐代诗人贾岛曾拜访幽居于家中的名士李凝，写下《题李凝幽居》一诗："闲居少邻并，草径入荒园。鸟宿池边树，僧敲月下门。过桥分野色，移石动云根。暂去还来此，幽期不负言。"据说，贾岛对李凝的幽居生活感触颇深，写成这首五言律诗。开始，他将"僧敲月下门"中的"敲"字写作"推"字，但又觉得"推"不如"敲"来得传神。但他想，自己访李凝本来就是以手推门的，用"推"字也不无道理。一边走，一边念叨，两手比画着做推敲之状，不知不觉来到大枫林村西的杨林之中。由于他冥思苦想，旁若无人，竟冲撞了途经于此的韩愈的坐骑。那马前蹄腾空，险些将韩愈掀落马下，但韩愈并不着急，他从马上下来，和蔼地问贾岛为何做推敲之状，且如此专心。贾岛如实相告，韩愈听了很是高兴。并告诉贾岛，还是"敲"字为好。因敲字有声，更能衬托野之静。此事竟成文坛一段佳话，人们竞相传颂，这"推敲"二字也成为切磋文章、炼词造句的专用词。

附录3 句 子

一、句子的种类

句子是由词或者短语构成的,它能明白地表达一个完整的意思。

1.按语气和用途分

①陈述句

告诉别人一件事的句子是陈述句。它的语调一般是平稳的,句末有句号。

如:我是初一的学生。

②疑问句

向别人提出问题的句子叫疑问句,句尾用问号。

如:你吃过饭了吗?

③感叹句

表示某种强烈感情的句子叫感叹句,句末用叹号。

如:我们是多么高兴啊!

④祈使句

用来要求或希望别人做什么或者不做什么事的句子是祈使句。句末用句号,语气较强的用感叹号。

如:快把书递给我。

2.按意思分

①肯定句

表达肯定意思的句子叫作肯定句。

如:我是小王。

②否定句

表示否定意思的句子叫否定句。

如:我不去。

3. 按形式分

①设问句。

设问自答,称为设问。

如:这是我的书吗? 这是我的书。

②反问句。

无疑而问,称为反问句。

如:难道不对吗?

4. 按结构分

①单句

单句是由短语或单个的词构成的句子,可分为主谓句和非主谓句。

如:主谓句:他非常健康。

非主谓句:飞机!

站住!

有人敲门。

②复句

由两个或两个以上意义上紧密相关,结构上互不包含的单句构成的句子。构成复句的单句叫分句。

二、特殊句子

1. 连动句

在一个句子里写了同一个人的两个或两个以上的连续动作叫连动句。

如：战士们端起冲锋枪向敌人猛冲过去。

2. 复指句

复指句指在一个句子里有两个不同称谓共同指向同一个人或同一个事物。

如：我的同桌小明是班长。

3. 兼语句

有时我们可以把两个紧密相关的句子合为一个兼语句。

如：我们请爸爸尝花生。

4. "把"字句和"被"字句

有些句子，在表示动作、行为的词后面，有一个连带成分。

如：我们把小羊赶走了。

我们还可以用"被"字，把这个连带成分提到动作发出者——"小羊被我们赶走了"，这就是"被"字句。

如：我们把豹子打死了。

豹子被我们打死了。

三、扩句和缩句

1. 扩句

扩句就是在句子的"主干"上"添枝加叶"，使句子的意思表达得更加具体、形象、生动。

如:太阳升起。

可以扩写为:金色的太阳从东方地平线上慢慢地升起。

2. 缩句

缩句与扩句恰好相反,就是去掉句子中的"枝"和"叶",保留其主干。

如:嘴角嫩黄,头上长着绒毛的小麻雀无可奈何地拍打着翅膀。

缩句为:小麻雀拍打着翅膀。

四、改病句

病句是指不符合语言规范的句子。

辨析病句,是考查对病句的识别与分析,有了这种能力才可能对病句进行修改。

1. 病句类型

①用词不当

用词造句首先要了解词语的意义,根据需要选用最恰当的词语,如果用词不当,就会使句子表达的意思不确切。

如:我们要虚心地帮助小同学。

改为:我们要耐心地帮助小同学。

理由:"虚心"是指能虚心接受别人的意见。

"耐心"是不急不躁,不厌烦的意思,所以"虚心"改为"耐心"恰当。

②搭配不当

一个词经常和哪些词配合使用,往往是有规律的。

如:我们要不断地改进学习方法,增加学习效率。

改为:我们要不断改进学习方法,提高学习效率。

"增加"是在原有的基础上加多。而"效率"是单位时间内完成的工作量,只能与"提高"搭配。

③逻辑混乱

我们用词造句时,必须注意句子内容前后一致,不能有前后矛盾的现象,否则就不能准确地表达意思。

如:你的建议我完全赞成,只有一点不同意。

改为:你的建议我基本赞成,只有一点不同意。

④缺少成分

我们说话或作文,是通过一句一句完整的话把自己的思想感情表达出来的。一般的句子分成前后两部分。前一部分指明所要说的是什么人或什么事物。后一部分说明前一部分"做什么""是什么"或"怎么样"。比如:"鲜花盛开。"这是一个完整的句子。

如:积极参加课外活动。

这个句子只讲后一部分,缺主语。

改为:我们积极参加课外活动。

再如:我们要养成认真思考。这个句子只讲前一部分,缺一部分。

改为:我们要养成认真思考的好习惯。

⑤重复啰唆

每一个完整的句子都有不可缺少的成分,如果缺少这些成分就是成分残缺病句。但是有些病句是因为有的人不恰当地使用形容词,有的堆砌了一些不必要的成分,造成句子重复啰唆。

　　如:任何一切困难都吓不倒我们。

　　改为:任何困难都吓不倒我们。

　　或:一切困难都吓不倒我们。

　　⑥词序颠倒

　　一个句子在词语排列上有一定的次序,表达一定意思,如果词序变了,句子的意思就会改变,甚至不能表达意思。我们在说话写作时,要避免词序混乱的现象。

　　如:气象小组的同学,每天早上都记录并收听当天的天气预报。

　　改为:气象小组的同学,每天早上都收听并记录当天的天气预报。

　　⑦关联词语使用不当

　　有些句子为了把意思表达得更清楚,常常要在句子中使用一些关联词语。但是如果误用、滥用或者把关联词语安排得位置不当,就要出现句子不通或者意思表达不明确的情况,造成病句。

　　如:如果我们生活富裕了,就不应该浪费。

　　改为:即使我们生活富裕了,也不应该浪费。

　　⑧指代不明

　　我们说话或写文章,有时为了避免重复,可以使用一些代替人或事物名称的词语,或用来区别人或事物的词语。如你、我、他、你们、我们、他们……。

　　如:小林和小明边走边聊天,他告诉他作业已经写完了。

　　改为:小林和小明边走边聊天,小明告诉小林,他的作业已经写完了。

⑨褒贬不当

有些词语除表示一定的意义外,还带有明显的感情色彩。表示肯定、赞评意思的叫褒义词。表示憎恨、鄙视一类感情的词语叫贬义词。对于这类有褒贬色彩的词语,使用时要细心辨别,认真加以选择。

如:顽强的敌人终于被消灭了。

改为:顽固的敌人终于被消灭了。

⑩不合事理

用词造句时,不仅要注意选用的词语,还必须使句子的内容和实际情况一致,否则会出现句子内容不合情理的毛病。

如:农贸市场里有黄瓜、豆角、圆白菜、西瓜、西红柿等蔬菜。

改为:农贸市场里有黄瓜、豆角、圆白菜、西红柿等蔬菜。

2. 查病因方法

①弄清本意

所谓本意就是原句要表达的主要意思。

如:晚会上音乐和舞蹈真好看。

改为:晚会上音乐真好听,舞蹈真好看。

②确定病症

修改时,要围绕本意找出病句的病症所在,“好看”只与“舞蹈”搭配,而不与“音乐”搭配。

③对症下药

找到了病症,就要对症下药。针对句子存在的问题,到底删去什么？添上什么？修改什么？要换什么？我们都要动脑筋想好。

上例句中,唯一的修改方法就是在"音乐"后面添上"真好听"三个字,删去"和"字。这样保持句子的原意,又对准了病症。

3. 改病句路径

①读

要认真读懂句子原意,要明白句子所表达的意思,也可以说是审题。

②找

要仔细分析病情,找出病因,病句的种类很多,一定要仔细分析出它是属于哪一种类型的病句,找出它的病因。这是修改病句最关键的一步。

如:一走进西湖公园,就看到公园里彩旗飘扬,歌声嘹亮。

病因:"彩旗飘扬"可以看到,"歌声嘹亮"却看不到。

③改

对症下药,改正病句。分析出病因后,就要根据病句出现的问题改正它,一把钥匙只能打开一把锁。

如:一走进西湖公园,就看到公园里彩旗飘扬,歌声嘹亮。

改为:一走进西湖公园,就看到公园里彩旗飘扬,听到歌声嘹亮。

④查

查一查,改完病句后要做到三查:

一查自己找的病因对不对；

二查自己修改的准不准；

三查改完病句后，改变了句子的原意没有。

总之，要记住以下口诀：

认真读句是基础；寻找病因是关键。

动笔修改守原则；改后检查要耐心。

附：小故事

鱼竿和鱼

从前，有两个饥饿的人得到了一位长者的恩赐：一根鱼竿和一篓鲜活硕大的鱼。其中，一个人要了一篓鱼，另一个人要了一根鱼竿，于是他们分道扬镳了。得到鱼的人原地就用干柴搭起篝火煮起了鱼，他狼吞虎咽，还没有品出鲜鱼的肉香，转瞬间，连鱼带汤就被他吃了个精光，不久，他便饿死在空空的鱼篓旁。另一个人则提着鱼竿继续忍饥挨饿，一步步艰难地向海边走去，可当他已经看到不远处那片蔚蓝色的海洋时，他浑身的最后一点力气也使完了，他也只能眼巴巴地带着无尽的遗憾撒手人间。

又有两个饥饿的人，他们同样得到了长者恩赐的一根鱼竿和一篓鱼。只是他们并没有各奔东西，而是商定共同去找寻大海，他俩每次只煮一条鱼，他们经过遥远的跋涉，来到了海边，从此，两人开始了捕鱼为生的日子，几年后，他们盖起了房子，有了各自的家庭、子女，有了自己建造的渔船，过上了幸福安康的生活。

一个人只顾眼前的利益,得到的终将是短暂的欢愉;一个人目标高远,但也要面对现实的生活。

只有把理想和现实有机结合起来,才有可能成为一个成功之人。有时候,一个简单的道理,却足以给人意味深长的生命启示。

要　　求

有三个人要被关进监狱三年,监狱长答应满足他们三个一人一个要求。

美国人爱抽雪茄,要了三箱雪茄。

法国人最浪漫,要一个美丽的女子相伴。

而犹太人说,他要一部与外界沟通的电话。

三年过后,第一个冲出来的是美国人,嘴里鼻孔里塞满了雪茄,大喊道:"给我火,给我火!"原来他忘了要火了。

接着出来的是法国人。只见他手里抱着一个小孩子,美丽女子手里牵着一个小孩子,肚子里还怀着第三个。

最后出来的是犹太人,他紧紧握住监狱长的手说:"这三年来我每天与外界联系,我的生意不但没有停顿,反而增长了200%,为了表示感谢,我送你一辆劳斯莱斯!"

这个故事告诉我们,什么样的选择决定什么样的生活。今天的生活是由从前我们的选择决定的,而今天我们的抉择将决定我们今后的生活。

把最胖的科学家丢出去

英国一家报纸举办一项有高额奖金的有奖征答活动,题目是:在一个充气不足的热气球上,载着三位关系人类兴亡的科学家,热气球即将坠毁,必须要丢出一个人减轻载重量。

三个人当中,一位是环保专家,他的研究可改变无数生命因环境污染而身陷死亡的噩运;一位是原子专家,他有能力防止全球的原子战争,使地球免遭毁灭;另一位是粮食专家,他能够使不毛之地生长谷物,让数以亿计的人们脱离饥饿。奖金丰厚,应答信件众说不一。巨额奖金的得主却是一个小男孩,小男孩的回答是——把最胖的科学家丢出去。有时,复杂的不是问题,而是看问题的眼睛。

丢弃的金矿

美国田纳西州有一位秘鲁移民,在他的居住地拥有6公顷山林。在美国掀起西部淘金热时,他变卖家产举家西迁,在西部买了90公顷土地进行钻探,希望能在这里找到金沙或铁矿,他一连干了5年,不仅没有找到任何东西,最后连家底也折腾光了,不得不又重返田纳西州。当他回到故地时,发现那儿机器轰鸣,工棚林立。原来,被他卖掉的那个山林就是一座金矿,主人正在挖山淘金。如今这座金矿仍在开采,它就是美国有名的门罗金矿。

这个故事告诉我们:一个人一旦丢掉属于自己的东西,就有可能失去一座金矿。在这个世界上,每个人都潜藏着独特的天赋,这种天赋就像金矿一样,埋藏在我们平淡无奇的生命中,一个人是否能有幸挖到这座金矿,关键看能不能脚踏实地地发挥自己的长处,去经营自己的人生。

老鹰的再生

老鹰是世界上寿命最长的鸟类。它一生的年龄可达70岁。要活那么长的寿命，它在40岁时必须做出困难却重要的决定。

当老鹰活到40岁时，它的爪子开始老化，无法有效地抓住猎物。它的喙变得又长又弯，几乎碰到胸膛。它的翅膀变得十分沉重，使得飞翔十分吃力。它只有两种选择：等死，或经过一个十分痛苦的更新过程。

150天漫长的操练，它必须很努力地飞到山顶。在悬崖上筑巢停留在那里，不得飞翔。老鹰首先用它的喙击打岩石，直到完全脱落。然后静静地等候新的喙出来。它会用新长出的喙把指甲一根一根地拔出来。当新的指甲长出来后，它们便把羽毛一根一根地拔掉。5个月以后，新的羽毛长出来了。老鹰开始飞翔，重新得力再过30年的岁月！

这个故事告诉我们：在我们的生命中，有时候我们必须做出困难的决定，开始一个更新的过程。我们必须把旧的习惯、旧的传统抛弃，使我们可以重新飞翔。

附：幽默病句

经典考试病句

1. 司马迁多次遭受宫刑，但他忍受住一次又一次的痛苦，还是写出了伟大的《史记》。

2. 有人说人生有三大恨事：一恨鲥鱼刺多，二恨海棠无香。第三恨我忘了，不过我想第三恨应该是：三恨理想泡汤。

3. 我的爸爸就像亲人一样爱我。

4. 太阳离我们越来越近，像一个金黄的油饼。

5. 我希望有一条健康的双腿，一个智慧的大脑……

6. 有一种自卑叫自信，有一种跌倒叫爬起。

7. 没有自尊的脖子，无法支撑自信的头颅。

8. 眼睛为什么长在两边，因为它是用来向前看的。

9. 马瘦毛长蹄子肥，儿子偷爹不算贼；瞎大爷和瞎大妈过了半辈子，也没见过谁。

10. 居里夫人发明了鱼锅，她的愿望实现了……

11. 我叫张三，三点钟的时候在家做作业，但心里却想着柜子里的三个苹果，被三婶知道，告诉了爸爸，爸爸打了我三巴掌。

12. 母鸡生小鸡要生好几天。

13. 我们一家三口，爸爸妈妈和姐姐。

14. 远远地，走来一位女姑娘。

15. 什么是举一反三？就是举一个例子反对三个例子。

16. 司马迁在遭受宫刑之后，不得不忍受断腿之苦………

17. 司马迁在被施行腐刑之后，不顾身体的腐烂，写出了千古绝唱《史记》……

18. 我看到司马迁在遭受宫刑之后的伟大成就和伟大愿望……

附录4 阅　　读

一、阅读方法

1. 句子阅读

我们对句子阅读的要求主要是在理解词意的基础上领会句子在语言环境中的含义和作用。理解句子的含义，主要指对句子深层意思的领会，对句子修辞方法的理解，对句子作用的分析，对作者用意的解说。句子阅读的主要方法：

①通过注释疏导理解句意

对造成阅读障碍的词语，要通过查阅字典和词典的方法扫除障碍。

②联系上、下文抓住关键词语理解句意

关键词语，显然是在句子中起关键作用，核心作用的词语，关键与否，并非取决于是否属于生字新词，而是看其在具体的语言环境中的地位。

③借助句子结构理解句意

有的句子比较复杂，可以先把构句间架勾勒出来，用缩句的方法去理解，有的句子用了修辞方法，要分析修饰成分，找出表达的重点。

④联系上下文理解句意

一定的语句有其固定的句法意义，但一旦依附于具体的语言活动后，就产生了生动的情境意义，能够恰如其分地表达丰富的思想内容。因此,理解句意应瞻前顾后,综观上下,这既是理解句意较普遍的方法,也应看作理解句意最基本的原则。具体地说,就是联系文章的中心、作者的意图,联系人物的品格、事件的意义、景物的特点来理解。

2. 段落阅读

一篇文章大多数都是若干段落组成的。每一个段落都是围绕全文的中心思想,表达一个相对完整的意思。读文章的时候,每读完一段,就了解一段的意思。一段一段地读完全篇,领会了每一段的意思,再把每一段的意思综合起来,就领会了全文的意思。因此,我们在阅读文章时,必须读懂每一段,并理解它的意思。要做到这一点,就必须学会给文章分段,掌握提炼段落大意的方法与技巧。

①学会分段

我们可以根据文章中出现的一些明显的分段标识和段落间的逻辑关系来分段。

文章中常出现的分段的标准有时间的推移、空间的转换、人物的出没等,在模式结构的文章中有总结句、小结句、过渡句等。

文章段落之间的逻辑联系主要有以下几种基本类型:

A. 总分(分合)关系

这种段式的特点是由总述和分述构成的,有"总分式""分总式""总分总"三种。

B. 并列关系

指各段之间从不同方面对同一事物加以说明和描述形成的逻辑关系。各段之间无主次之分,但排列的先后往往有其必然性。

C.顺承关系

指一般按事情发展的顺序呈现的逻辑关系。所谓"顺序"可以分为：事情本身发展的顺序，事情中时间推移的顺序，事情发生的空间位置变化的顺序。

②学会概括段落大意

概括段意要从内容角度概括，而不要从思想角度概括，即不能写成这一段说明了什么，不能写成提纲式的。概括出的段意，应该是完整的陈述句，不能是词组或疑问句。

概括段意的基本步骤有：

A.初读课文，了解主要内容和写作思路。

B.细读各段，对自然段进行分析和比较，找出与中心有关的内容，运用归纳段意的方法归纳段意。

C.再读全文，整体思考，进行修改使之准确、通顺。

概括段意的方法：

A.组合法

即先概括结构段所属各自然段或各层的主要内容，然后将它们加以组合，归纳成结构段的段意。

B.扩展法

找出文中的中心句，加以必要的扩展，形成段意。

C.摘句法

直接从这段中找出一个句子作为段意。这句子往往是总起句、关键句、警句、结束句等。

一般说，从段首摘总起句，从段中摘关键句、警句，从段末摘结束句。

D. 连串法

划出这段中的重点词语自己加上几个词,把它连起来成为一句话。在此基础上,再练习用自己的语言表达。

3. 篇章阅读

①篇章阅读的重点

篇章阅读的两个重点内容是把握文章的中心思想和文章的表达方法。

在阅读中要能够知道文章所表达的思想感情指什么,能通过分析文章的主要内容及重点部分,通过抓文章中的关键词句,通过分析题目等途径体会文章所表达的思想感情,并能用准确、简洁的语句进行个性化的表述。同时,还要了解文章的表达和写作特点,从而学习和借鉴他人的写作方法,提高自己的写作水平。

②篇章阅读的基本方法

A. 通过分析文章的主要内容和重点部分体会文章的思想感情。

B. 抓住重点词句概括中心思想。

C. 通过分析文眼概括中心思想。

D. 了解文章的基本表达顺序。

E. 了解文章开头与结尾的基本写法,分析过渡和照应的作用。

二、分类阅读

1. 寓言的阅读

阅读寓言首先要感知寓言的主人公形象。在感知形象的基础上揭示寓言的寓意,认识其现实意义。把寓言中的艺术形象与现实生活中的人的不同性格加以比较,从现实的日常生活中找出类似的事情,真正领悟到寓言的深刻寓意。

2. 童话的阅读

阅读童话时要注意以下基本内容:

首先,理解童话中的幻想内容。童话的魅力来自它的幻想和夸张。这既是童话的艺术手法,也是区别于其他文学样式的地方。正因为如此,所以童话里的人物是虚构的,环境是假设的,情节、事件也不是生活中所实有的。但幻想不是胡思乱想,夸张不是不合逻辑的随意编造,它们都离不开社会现实而独立存在。我们在理解时,应该把它作为客观生活的反映。

其次,把握童话中的比拟特征。比拟,包括拟人和拟物,就是通常说的人格化手法。童话作品常常把非人的有机物、无机物以及抽象的思想、概念比拟成人,赋予人的思想感情、行为动作和说话做事的能力。这样,猫狗虎豹,花草树木,一沙一石,一旦进入童话领域,就"活"起来了,就成为具有喜怒哀乐、七情六欲的生灵。因此,我们在阅读童话时,千万不能孤立地、静止地看待非人的有机物、无机物,而要把它们看作活生生的人。

再次,重视童话的现实意义。不论是童话的幻想、比拟、夸张,还是它的思想内容,都源于现实生活,折射于现实生活。童话里的情景,无一不是对社会现实的反映。因此,我们随作品中的人物一起上天入地、嬉笑怒骂的时候,也要注意它所反映的现实意义。

3. 诗歌的阅读

①古诗词的阅读

在阅读古诗词的过程中,首先需要熟读原诗,了解一些重点字词的用法,然后理解诗句的含义,了解诗中所表达的作者的思想感情。

②阅读现代诗歌

阅读现代诗歌首先要读诗,感受诗歌的韵律和分行;其次,处理好诗句内部的停顿划分,把握文章的情感节奏;再次,体会作者在诗中所表达的感情,了解诗中的一些表达方法。

4. 诗歌鉴赏常用的名词术语

A. 评价主旨——深化意境、深化主旨、意境深远、言近旨远、言简意丰,言有尽而意无穷,语意含而不露,耐人寻味。

B. 分析手法——卒章显志、画龙点睛、直抒胸臆、托物言志、以小见大、开门见山、寄寓、衬托、渲染、对比、怀古伤今、情景交融、情景相生、融情入景、一切景语皆情语。

C. 语言特点——浓墨重彩、惟妙惟肖,描写细致入微,刻画细致生动,诗情画意,富有哲理。

D. 语言风格——行云流水、形神兼备、浅显、明白如话、质朴清新、淡雅明快、沉郁顿挫、低沉、苍劲、雄健雄浑。

E. 文章结构——做铺垫、埋伏笔、呼应、照应、浑然天成

F. 其他——构思巧妙、独树一帜、别具一格、不落窠臼、不落俗套、颇具匠心、感情细腻、感情真挚、跃然而上、层次分明、一气呵成、朗朗上口。

附录5　文　　体

一、记叙文

1. 文体特点

记叙文是指以记人、叙事、写景、状物为主,对社会生活中的人、事、物、景的情态变化和发展进行叙述和描写的一类文章,常见的如消息、通讯、特写、报告文学、游记、日记、参观记、回忆录以及一部分书信等。

记叙文的主要特点是通过写人、叙事、写景、状物来反映作者对现实生活的理解和认识。

2. 记叙要素

时间、地点、人物、事件的起因、经过和结果是记叙文的六要素。

3. 便于掌握这一文体自编口诀记忆

记叙文记事六要素,大家千万要记住。

第一要素是时间,年、月、日、时写清楚。

第二要素是地点,要写环境和住处。

第三要素是人物,不写人物是糊涂。

第四要素是原因,为何发生找原因。

第五要素是经过,来龙去脉写清楚。

每六要素是结果,交代结局别含糊。

4. 语言表达

记叙文语言的要求除了准确外,还有生动和形象。准确是记叙文记叙的事情,描写的人物要符合现实,符合客观实际。生动和形象是指记叙文的语言除了要能够准确描摹事物之外,还要有一定的文采,使人喜闻乐见。

二、说明文

1. 文体特点

说明文是以说明为主要表达方式用来说明事物,阐明事理的一种文体。它通过揭示概念来说明事物的特征、本质及其规律性;给人以科学知识或正确思想,一般可分为实体事物说明和抽象事理说明两大类,词典、教材、论文、实验报告、产品说明书、广告、解说词及科学小品等都属说明文。

2. 说明方法

要把事物或事理说清楚、明白,还应运用一些说明方法。

常见的说明方法有:举例子、分类别、列数据、做比较、画图表、下定义、做诠释、打比方、摹状貌、引资料等10种。

3. 说明语言

说明文的性质决定了语言要准确、简洁、通俗。

①准确:要求在用词上,运用专业术语时必须恰当、准确,在句法上,对定语、状语、补语等句法成分的使用和搭配上必须周密和严谨;在句式上,根据不同的文章内容,进行适当调整,既不要一味地使用冗长的复杂句子,也不要过多使用短小的句子,要尽量少用或不用省略句;在逻辑上,要严密、合理,条理清楚;在句群上,要注意内在的逻辑性和层次性;在表述上,要注重科学性,实事求是,既不要夸张,也不要含糊其词。

②简洁:要言简意赅,不拖沓,无赘余。简洁的关键是符合内容的表达,说清即可。

③通俗:要求浅显易懂,力求避免晦涩、艰深的词语。对一些专业术语尽可能将其转化为易懂的常用词语,但也不可以为了通俗性而损害了文章内容的科学性。

④在文艺性的说明文中,可以适当运用一些修辞方法进行描述,比如:比喻、设问、排比、对偶、拟人等,能够增加文章的生动性和趣味性。

三、议论文

1. 文体特点

议论文是通过摆事实、讲道理来表达作者见解和主张的一种文体。它是用以表达作者主张的,具有严密的逻辑性,语言的准确鲜明性,以议论为鲜明特征。

2. 议论要素

议论文的三大要素是——论点、论据和论证。

A. 论点是作者对所议问题的见解和主张,代表作者的观点。论点在议论文中占有举足轻重的地位。一篇议论文必须要有明确的论点,否则,即使有再多的论据,再严密的论证,文章内容也没有说服力,混乱一片。

B. 论据是用来证明论点的事实和道理。论据分为事实论据和理论论据。事实论据包括事例、史实、统计数据、神话、传说、寓言、民间故事等。

理论论据也叫道理论据,是指经过实践检验的精辟理论,名言警句、民间谚语、科学真理等,运用这些言语可以使文章具有一定的权威性和可信性。

C.论证就是用论据来证明论点的过程。

论证有立论和驳论两种,一般情况下,文章的论证结构是提出问题—分析问题—解决问题。

3. 议论语言

议论文的语言具有逻辑性、概括性、生动性的特点。

①逻辑性

议论文主要是运用逻辑思维来论证说明问题的,因而它必须具备概念、判断、推理等各种逻辑因素。

②概括性

议论文是通过直接说理、论述来阐明问题的,故要求语言要有概括性。

③生动性

好的议论文,力求在逻辑上,概括性的基础上,写得生动,富有文采,增强文章语言的表达效果,生动性常用的方法是恰当地运用一定的修辞方式。除此还可以适当应用一些俗语、歇后语、群众的口语来说明事理。

四、散文

1. 文体特点

散文是与小说、诗歌、戏剧并称的文学形式,包括杂文、小品文、随笔、游记、传记、见闻录、回忆录、报告文学。它的取材范围广泛,艺术表现形式丰富多样,有较丰富的内涵。

①时间跨度大

散文不受时间限制,前可以远涉古代,后可跨及未来,又可覆盖今天。但无论时间的跨度有多大,整篇文章都要围绕主题表现。

②空间转换广

散文既不受时间限制,也不受空间限制,天南海北,空间宇宙,无不可以包容其中。散文可以把复杂的人和事放在每个空间里,有的随意点染,有的泼墨描绘,形成错落有致的文学特点。

③事件牵涉多

写散文,多数离不开事件,尤其是叙事散文,事件是散文的"硬件",许多好的散文有一个中心事件,以及烘托连带的一些与之有关的其他事件。

④表达方式活

散文常用记叙、说明、抒情、议论、描写等表达方式。这些方式的综合运用,可以有力地表达文章主题,使文章气势浩大,富有波澜,摄人心魄。

⑤句连全文巧

散文的取材,可谓"形散神聚"。既使散文思路再开阔,包容量再大,也都是紧紧围绕作者的意图而不偏离。整篇文章是用一个醒目深刻的思想,把看似散乱的一大堆材料,贯穿全文。

2. 语言线索

线索是作者组织材料的思路在文章中的反映,就是贯穿于全文的脉络。作者为达到散文"形散"与"神不散"的统一,在组织结构上,就要有明确的线索,把所有材料,连缀起来。

由于散文是一种非常自由的文体,各人的思路千差万别,也就导致散文的线索多种多样。

一些基本的线索思路有：

①时空线索

在许多写人记事及游记类散文中，常有一些表示时空转换的词语，把这些词语连接起来看，就能领悟把握文章的线索。通过一些时空的转换，可以引出丰富多彩的记叙内容。

②事物线索

不少叙事及抒情类的文章，常用一个具体事物或象征事物贯穿全文，作为行文线索以突出文章的中心思想。

③语句反复线索

一些文章中经常反复出现一些抒情议论的语句或富有意味的事物，认真把握这些词语，可以很好地去认识，把握文章线索。这类线索在抒情、叙事类散文中都常用。例如《白杨礼赞》"我赞美白杨树，实在是不平凡的一种树"等语句，在文章中反复出现了四五次，作者从树写到人，全文赞颂的感情，就是靠"赞美白杨树的不平凡"这一线索串起来的。

④感情线索

感情线索常常是隐伏于记叙的内容之中的，理清文中人物感情发展变化的轨迹，可以导出文章的线索。

散文最大的特点是"形散神聚"，不管多么复杂的文章，只要我们把握住它的"神"，那么无论有无外部标志或内部标志，都能准确地把握它的线索。

五、小说

1. 文体特点

小说是文学体裁中常见的一种形式。它对身边的事物有很强的表现力,可以写人、状物、记事等。

人物、情节、环境构成小说三要素。

情节是人物性格的历史,是塑造人物形象的重要手段,人物是小说的核心,环境是人物活动的场所和性格赖以形成的重要因素,环境创造人物,人物也创造环境。

2. 阅读要点

阅读小说要注意把握以下几方面的内容:

①把握故事情节,主要从结构、人物及人物关系、主题、时代背景等方面去把握。

②分析人物性格,是阅读小说的关键所在。小说塑造人物的方法有肖像(包括姿态、神情、服饰等)、心理、行动和语言描写,通过人物形象的分析,揭示人物思想性格特征。

③理解环境(自然环境和社会环境)描写的作用,渲染气氛,表现作者情感,为刻画人物性格服务。

④品味小说的艺术特色,主要从小说的形式入手,如:结构布局,表现手法及语言特点。

三、诗歌

1. 文体特点

诗歌作为一种独立的文学体裁,具有一些鲜明的特点:

①诗歌内容是社会生活最集中的反映。

②诗歌的语言具有精练、形象、音调和谐、节奏鲜明等特点。

③诗歌的形式:不是以句子为单位,而是以行为单位,分行又主要是根据节奏,而不是以意思为主。

2. 文体种类

诗歌按时代可分为古典诗歌和现代诗歌两大部分。

①古典诗歌

古典诗歌有古体诗、近体诗、词、曲等几种不同形式。

②现代诗歌

现代诗歌的主流是新诗,也包括现代人写的旧体诗。

七、童话

1. 文体特点

童话,就是在现实生活的基础上,用适合儿童口吻的语言,说给儿童听的一种富于幻想的故事。总体而言,童话具有一些鲜明的特色:

①情节完整曲折,形象生动鲜明。

②幻想丰富奇特,夸张强烈动人。童话离不开幻想,幻想离不开夸张。

③语言简洁活泼,表现手法多样。

2. 表达及种类

童话创作一般运用夸张和拟人手法,并遵循一定的事理逻辑去开展离奇的情节,造成浓烈的幻想氛围以及超越时空制约,亦虚亦实,似幻犹真的境界。此外,它也常常采用象征手法塑造幻想形象以影射、概括现实中的人物关系。

从表现方法来看,童话大致分为常人体童话,拟人体童话和超人体童话三种。

八、寓言

1. 文体特点

寓言是寄托着深刻思想意义的一种简短故事。"寓"是"寄托"的意思,作者把自己认为正确的道理,有益的教训,通过虚构的简短故事加以譬喻,让人们从故事中领会这些道理,获得教训,这种故事叫寓言。

寓言的篇幅一般比较短小,具有鲜明的哲理性和讽刺性。

2. 表达方法

寓言在创作上经常运用夸张和拟人等表现手法,其基本特征是教训和讽刺。

九、神话

1. 文体特点

中国古代有着丰富的神话,与其他文明古国相比,自有其特点。简言之,中国古代神话有如下特点:

①丰富、短小、故事性不强,对神的事迹记载非常简略。

②歌颂劳动的意义。

③赞美坚韧不拔、自我牺牲的英雄精神。

④讴歌反抗压迫的精神。

⑤赞美对真正爱情的追求。如:牛郎织女

2. 内容与分类

神话大致分为创世神话、神佛神话、英雄神话三类。

神话内容包括三个方面:

一是对自然现象的解释。如:女娲造人。

二是反映人们生产斗争和征服自然的愿望。如:精卫填海。

三是对社会生活的反映,如:刑天舞干戚。

附录6 写 作

一、记叙文

1. 记叙文的写作从大体上而言要注意交代清楚六要素

（1）时间：时间有现在、过去和将来的区别，叙述时要交代清楚。

①直接交代时间。

②间接交代时间。

③在叙述事情发展的过程中，逐步交代时间。

（2）地点：地点包括事件发生的环境、状况和气氛。

（3）人物：是记叙文的主角，所以要写得有血有肉，个性突出。记叙文中对人物的描写主要有直接描写和间接描写两种。

（4）事件：包括事件的起因、经过、结果等。

这些是记叙一件事情的三个重要环节，要紧密配合，把事情的经过写得有起有伏，曲折动人，并且能圆满地把事件因果连贯起来。

2. 记叙文分类

（1）写事

记事作文以叙事为主，表现发生在活动场地、竞赛等事情的某种意义，反映作者对这些事情的态度和看法。

写事作文必不可少的几个环节是：

A. 写谁——发生的活动、竞赛等事情。

B. 写什么——反映作者对这些事情的态度和看法。

C. 怎样写——通过一件事或几件事说明作文的目的。

D. 写法——叙述事件,还可以在事件中进行肖像、语言、心理、动作、细节描写。

写事记叙文要注意以下几个问题:

①交代清楚事件发生的时间、地点、人物、起因、经过和结果,即六要素。一件事总离不开这六要素,把这些方面写清楚了,才能使读者了解事件的来龙去脉。

②要围绕作文的中心选择事件,要选择最能表现作文中心思想的事件作为材料,选材要新颖,在别人的作文中常出现的事要少写或不写,这样写出来的作文才有吸引力,有新鲜感。

③事件的主要部分要写具体。每件事都有起因、经过和结果这样一个过程,只有把这个过程写清楚,给读者的印象才能完整而深刻。在事件中要进行有效的肖像、语言、心理、动作、细节描写,这一点很重要,这样写出来的作文才生动。要突出中心,详略得当,与主题无关的事不写。在叙事类记叙文的写作中,还要注意尽量做到"开头漂亮""结尾有力"。要做到"开头漂亮"就要叙述好事情的起因,描写环境,烘托气氛,激人兴趣,引人入胜。要做到"结尾有力"就要把事件的结局交代清楚,要注意以含蓄的语言发人深思,篇末点题,帮助读者领悟全文的深意。

(2)写人

在平时的作文训练中,很多人会遇到写人的记叙文,常常会出现以下问题。

A. 故事老套陈旧。

B. 塑造人物过于模式化。

C. 语言表达有待提高。

针对上述问题,要把握以下几方面:

①课外积累素材。

②确定好中心思想。

③确定好文章基本架构。

A. 一事一人　　　　B. 多事一人

C. 两人文章　　　　D. 群体文章。

写人文章要注重下列几个步骤:

A. 审题　　B. 拟题　　C. 选材　　D. 结构

写人的第一宝典就是描写。人物描写有肖像描写、语言、动作描写、心理描写等。

（3）写景

天下的景物,千差万别,千姿百态,各有自己的特点,怎样写出景物的特点呢? 关键是要进行细致的观察。那么,我们在观察景物时要注意哪些方面呢?

一是要观察景物变化的全过程。

二是捕捉景物的颜色和姿态。

三是调动各种感觉器官来观察。

二、说明文

要想写好一篇说明文,我们要从以下几方面来努力:

一是应该明确说明文的写作目的。

说明文的写作目的是介绍客观事物,介绍科学知识,让读者看得明白,读得懂。

二是围绕事物的特征来进行写作。

三是采用恰当的说明顺序，还应根据说明的目的来确定。

①时间顺序；②空间顺序；③逻辑顺序。

四是恰当运用一些说明方法。

要把事物或事理说得清楚、明白，还应运用一些说明方法。常见的说明方法有：举例子、分类别、列数据、做比较、画图表、下定义、做诠释、打比方、摹状貌、引资料等 10 种。

说明文分为两类：

一是事理说明文；

二是事物说明文。

结构方式一般有以下几种：

①方位式；②程序式；③主次式；④总分式。

三、议论文

议论文是"摆事实讲道理"，提出论点、论据、论证三要素的一种文体。

论点是作者提出的观点和思想主张。论据是证明论点的材料。论证是论点和论据之间逻辑顺序和方法的过程。议论文的论点要观点鲜明，论据要有事实根据，论证要讲究科学的方法。

1. 读后感

在读过一篇文章或一本书之后，把获得的感受、体会以及受到的教育、启迪等写下来，写成的文章就叫读后感。

A. 写读后感要注意的几个方面：

①要重视"读"；

②要准确选择感受点；

③要写出真情实感；

④写独特新鲜的感受。

B.写读后感应遵循的基本思路：

①简述原文有关内容。

②亮明基本观点。

③围绕基本观点摆事实、讲道理。

④围绕基本观点联系实际。

2. 观后感

电影,作为一种大众艺术,以其生动的直观性和逼近生活的真实感而拥有广大受众。一部优秀的影片能使人得到美的享受和精神的陶冶。观看影片后,常会有感而发,把自己的感想用文字表达出来就是观后感。

我们写观后感,应该把握好以下几点：

①捕捉住感受点。

②抓住细节。

③立意要新。

④要实事求是地分析评价。

四. 应用文

1. 书信

书信是指人们的学习、工作、生活以及社会交往中所用的信件,它要求文字流畅,内容准确,措词适当,以求达到良好的效果。

书信的种类主要有家书类书信、问候类书信、请托类书信、规劝类书信、邀约类书信、情书类书信、吊慰类书信、借贷类书信、致谢致歉类书信等。

书信格式主要包括五个部分：

①称呼；②正文；③结尾；④署名；⑤日期。

2. 演讲稿

演讲稿的写作包括三部分：

一是开场白。

开场白有两项任务：一是建立说者与听者的同感；二是打开场面，引入正题。开场白一般有这样几种方式：

①悬念式——演讲伊始，或提问题，或引出故事，设置悬念，激发听众兴趣。

②名言式——利用名言警句做开场白，可使听众易于接受，振奋精神。

③提问式——开场设问，引导听众积极思考。

二是正文。

正文是演讲稿的核心部分。这一部分注意做到以下几点：

①要有突出的中心思想。

②观点和材料要统一。

③安排好层次和段落关系。

④注意文中的过渡和照应。

三是结尾。

常见的演讲稿结尾有：

①总结式。即在演讲的最后总结归纳自己的见解、主

张,强化演讲的中心内容。给听众留下深刻印象。

②号召式。即在演讲结束时,提出希望要求,发出号召。

③启发式。即在结尾时,提出问题,启发听众,使之留有思考的余地。

演讲稿的写作要注意:

语言要有针对性,议题集中,语言通俗易懂,要注意演讲人的身份,演讲人和听众的关系,演讲的场合,内容要新颖独到,演讲稿的语言要在明白的基础上,努力做到精练、准确,富有概括力,要运用各种手段和方法使演讲具有说服力和鼓动性。

3. 总结

总结常见的格式包括标题、正文、署名和日期三部分。

4. 计划

计划包括工作、学习和生活计划。计划一般由标题、正文和尾部组成。

①标题

一般包括单位名称、时间界限、事由和文种组成。

②正文

一般由前言、主体、结尾三部分组成,但有的没有结尾部分。

A. 前言。这是计划的开头部分,通常用简明扼要的概述制订计划的指导思想、依据、意义、

B. 主体。包括任务、要求、措施、办法、步骤、时间等内容。

C. 结尾。可以提出执行的要求,也可以展望计划实施的成果。

③尾部。包括署名和时间两个项目。

附录7 表 达

一、朗读

朗读是通过有声语言表情达意地再现作品的内容的一种口语表达。

1. 基本要求

A. 选择合适的朗读材料

①要有现代感,要能激起听者思想情感上的强烈共鸣。

②要考虑场合,如元旦联欢,就要选择适合元旦的文章,国庆节,就要朗诵歌颂祖国,歌颂先烈的文章。

③要考虑听众的身份。听众不同,朗读的作品也应该不同,不能对什么人都朗读同一篇作品。

④要考虑自身特点。所选的朗读材料要适合自己的气质、声音、身份等。

B. 准确把握材料的内容

准确把握材料内容,理解材料的内在含义,这是作品朗读成功的重要前提和基础。要准确,透彻地把握作品内容,应注意以下几点:

①正确、深入地理解。

要想把作品思想感情准确地表现出来,除借助一定的朗读技巧外,还需要理解作品的内在含义。为此,必须解决如下几点:

首先清除字词障碍。如要搞清楚文中生字、生词、成语典故、语句等的含义,以免望文生义。

其次,了解作品创作的背景、主题和感情基调。只有做到这些,才不会把作品念得支离破碎,甚至歪曲原作的思想内容。

②深刻、细致的感受感情。

③丰富、逼真的想象。

C.运用标准普通话。

2.技法指导

①停顿

朗读中的停顿,不单是生理上换气的需要,更主要的是表情达意的需要,一般说停顿有语法停顿、逻辑停顿和感情停顿三种。

语法停顿基本上是与段落、标点符号一致的。

逻辑停顿是为了揭示思想逻辑或揭示事物之间的逻辑关系而做停顿。

在表示激动的感情时,可以延长或缩短语法停顿的时间,这种停顿也就是感情停顿。

②重音

重音是指朗诵时把句子中某些词语读得比较重的现象,一般用增加声音的力度、强度来体现。

重音通常分为两类:

A.语法重音。

B.强调重音。

③语气

作品的思想感情诉诸辞章文采,朗诵的思想感情诉诸声音气息。在朗诵中,总的色彩体现在基调中,具体色彩体现在语气中。语气的色彩并非朗诵者随心所欲地涂抹,它是语句内在的具体思想感情的积极运动的显露,这种显露就在声音气息的变化上。比如:

爱的感情一般是"气徐声柔"的。语气色彩造成温和感,口腔松宽,气息深长。

憎的感情一般是"气足声硬"的。语气色彩造成挤压感,口腔紧窄,气息猛塞(即流动猛,多阻塞)。

悲的感情一般是"气沉声缓"的。语气色彩造成迟滞感,口腔如负重,气息如尽竭。

喜的感情一般是"气满声高"的。语气色彩造成跳跃感,口腔似千里轻舟,气息似不绝清流。

惧的感情一般是"气提声凝"的。语气色彩造成紧缩感,口腔像冰封,气息像倒流。

欲的感情一般是"气多声放"的。语气色彩造成伸张感,口腔积极敞开,气息力求畅达。

急的感情一般是"气短声促"的。语气色彩造成急迫感,口腔似弓弦,气息如穿梭,经纬速成。

冷的感情一般是"气少声平"的。语气色彩造成冷寂感,口腔松懒,气息微弱。

怒的感情一般是"气粗声重"的。语气色彩造成震动感,口腔如鼓,气息如橡。

疑的感情一般是"气细声黏"的。语气色彩造成踯躅感,口腔欲松还紧,气息欲连还断。

③节奏

节奏指的是朗诵全篇作品过程中所显示的声音形式的

回环往复。节奏的把握应立足于作品的全篇和整体。

首先,应该考虑层次、段落的区别和联系,并落实于语气的衔接和转换。

其次,考虑声音的力度和速度,还要考虑句子的停连和转换等。

朗诵时运用节奏应从具体作品、具体层次、具体思想感情的运动状态入手。

⑤体态

A. 面部表情

朗诵的体态语言最重要的是面部表情。

眼睛最重要。朗诵一定要注意自己的眼睛。一定要看着观众,一定要和观众交流,要让观众从眼睛里看出你的心。

表现高兴时,眼睛明亮,目光亲切;

表现失望时,目光呆滞暗淡,充满沮丧;

表现愤怒时,双目圆睁,直视对方……

眼睛一般是平视前方,有时也可以仰视(表示高大、傲慢)、俯视(表示沉思、羞愧)、斜视(表示轻蔑)、环视(表示询问)等。眉间、嘴、鼻和面部肌肉等活动,也有一定的表情达意作用。例如,双眉紧锁——表示困惑、痛苦;紧抿嘴唇——表示犹豫和隐秘;面部肌肉紧张——表示严肃;面部肌肉放松——表示兴奋等。面部表情一定要符合作品情感的变化。

B. 手势

朗诵中根据表情达意的需要适当地运用手势可以更充分地表达作品的思想感情,同时也可以避免呆板,增强可视性。

C. 身体动作

朗诵时身体姿势和动作也要随着作品适当变化。在台上朗诵,一般呈小丁字步自然站立,随着感情变化,有时挺立,有时前倾,有时左右晃动,有时甚至可以走动。

二、倾听

倾听不仅是一种习惯,也是对人最起码的尊重。学会倾听是终身受益的。倾听是一种艺术,一种本领。倾听要做到以下几点:

1. 要有耐心

亿万富翁富卡以说得少听得多而著名。他曾说过:"上帝给了我们两只耳朵却只给我们一张嘴是有原因的,我们应该听得比说得多。"由这句话我们可以得出一个道理:一个人要善于倾听,并在倾听中思考,不轻易打断,也不轻易否定。

2. 要专心

一个谦虚好学的人,一个懂得善待他人的人,一个自强不息的人,永远懂得倾听。倾听是亲近自然的方式,倾听是接收信息的渠道,倾听是真诚沟通的桥梁,倾听是净化心灵的艺术。倾听自然的声音,倾听美妙的音乐,倾听同事、同学、师长、朋友真诚的话语,我们在倾听中成长。生活中,一些热线节目异常火爆,就因为它缓解了倾诉者心中的压抑。假如热线那端不懂倾听,它还会那么招人喜爱吗?所以,在倾听时,要开动脑筋,认真听取。

3. 要有爱心

倾听时,态度要诚恳而谦虚。

一是保持视线接触,用你的眼睛和耳朵倾听;

二是答话,偶尔说"是""我了解"或"是这样吗?"

告诉说话的人你在听,你还是感兴趣的。有了一颗对待别人谈话的积极心态,你就会发现倾听别人谈话也是其乐无穷的。

4. 要有巧心

听要点,听证据的技巧。在倾听的过程中,要培养记笔记的习惯,有的人不记笔记,使注意力经常涣散。好记性不如烂笔头,记笔记时要抓住关键词,这样会提高倾听效益,也让对方想到你对他的尊重,倾听时可以拥有符合要求的体态语言。倾听时或上身前倾,平视对方或俯身侧耳,紧闭双唇,洗耳恭听。

三、讲述

1. 学会评价

①站在客观的立场上。当我们进行评价时,首先要摆好自己的立场,这样在评价时才能客观、公正地评价人或事。

②措辞要得当。评价时,一定要注意措辞,首先要肯定长处和好处,其次指出问题所在,这样才能便于被评价对象接受。

③态度要诚恳。评价时一定要态度诚恳,关注对方的心理感受,这样才能让对方接受。

2. 学会劝阻

①态度要诚恳。只有建立在诚恳的基础上,对方才能愿意接受。为此,在劝阻对方时持诚恳的态度是必要的,也是首要的前提。

②表达要清楚,语气要恰当。无论是发生怎样的事情,劝阻对方时一定要说明理由,只有这样才能达到劝阻的目的,但在劝阻过程中,要注意语气。

3. 学会转述

①交代清楚内容。

②转述事情时,不能丢三落四,也不能说错。

③说话时态度大方,讲究礼貌。

4. 学会讲解

①要换位思考。所谓换位思考,就是要站在对方的角度上思考问题,这样才能理解对方所作所为,才不会为此对对方心存怨恨。

②注意组织语言表达清楚。要善于将自己对对方的理解讲述出来,让对方明白你此时的心情,自然会达到双向理解。

5. 学会赞美

①因人而异,②情真意切,③翔实具体,④合乎时宜,⑤雪中送炭。

6. 学会道歉

7. 学会打电话、发信息、发微信

四、演讲

演讲,是在听众面前就某一问题表示自己的意见或者阐说某一事理的活动。凡三人以上,有一定时间的个人讲座都可以称为演讲。

1. 撰写演讲稿

一是有的放矢,二是观点鲜明,三是感情真挚,四是语言流畅。

演讲稿语言的要求是:

①要口语化;②要通俗易懂;③要生动感人;④要控制篇幅。

2. 演讲的注意事项

①掌握一定的演讲技术。

②演讲的前一晚必须睡眠充足,使喉咙获得良好的休息。

③穿着合宜得体的服装。

④要注意演讲的内容。

在做引言时,应先将重点主题陈述出来,然后在主文中,将主题一一剖析,并且赋予新的观点。试着多讲一些辞藻丰富的话。可能的话,最好掺入一点幽默的字眼(千万不能使听众觉得无聊)。注意强调重点,戏剧性地把它们说出来,随后降低声音,再安静下来。

⑤准备周全的题材,并且做充分的预备和练习。

⑥演讲前对自己说:“你很棒!”

⑦演讲前不要进食。乳制品尤应禁止,因为它可能使你的喉咙充满黏液。

⑧上台前做几次张大嘴巴的动作,当然,大笑也可以,这样你的下颚会变得柔韧、舒服。

⑨要开始说话时,保持微笑环视所有听众,然后做一次深呼吸。

⑩头几句要轻松一点,引领听众不由得发笑。

要注意演讲的姿势。要张开双脚与肩同宽,挺稳整个身躯,同时想办法扩散并减轻施加在身体上的紧张情绪。例如:将一只手稍微插入口袋中,或者手触桌边或者手握麦克风等。

演讲时视线要投向听众中对自己投以善意而温柔眼光的人,并且无视于那些冷淡的眼光。此外,把自己的视线投向强烈"点头"以示首肯的人,以此来巩固信心继续演说。

演讲时要控制好脸部的表情,一方面"不可垂头",另一个方法要"缓慢说话"。这样既可以稳定情绪,也可以放松面部表情。

总之,在演讲时要发挥"演"的作用,演讲时要善用演讲的空间,要使自己居于听众注意力容易汇集之处,不但能够提升听众对于演讲的关注,甚至具有增强演说者信赖度权威感的效果。

班长就职演说

大家好!

李白在《北风行》中写道:"燕山雪花大如席,片片吹落轩辕台。"这里描绘的景物给我们这样深刻的启示:一片雪花是那样单薄平常,只是一个小小的个体,而片片雪花就构成了一个集体,它们就能把轩辕台染成一片雪白。所以,个人的力量是有限的,而集体的力量是无限的。

我也许就如那片雪花般平凡,可是因为有了大家的支持与信任,一种责任感油然而生:我要让片片雪花,凝成一个雪球,爆发出巨大的能量。

俗话说:"没有规矩不成方圆。一个班级若没有良好的学习环境,那么这个班级注定低人一等。我不敢说自己的经验有多丰富,但我敢说我能一次次站到这个地方就证明我有能力,相信我! 我主张绝对自由和绝对限制,当然自由来于每个人的努力。我当以身作则,做好自己的本职工作,积极参与班级管理,协助老师开展好工作。我个性开朗活泼,对生活我想用微笑阻止风波,我想用眼神去维持安静,我想用行动去证明一切,大家的选择没有错。

但我毕竟渺小,我需要每个人的支持。我们每个人与班级的关系,就像一滴水与大海的关系。每一滴水只有在大海中才不会消失,人只有在集体中才能生存。你也索取,我也索取,向谁索取? 你不奉献,我不奉献,靠谁奉献? 我想大家一定不会吝啬一个笑脸,一个眼神,一声关怀,一把帮助……

只有我们每个人都拧成一股绳，才会创造出一个安静、好学、竞争、温馨的新集体。

我们现在的一切活动犹如种树，在老师的带领下，我们一齐播下心中那颗希望的种子，用辛勤的汗水不停地浇灌，我坚信 2018 年的盛夏，我们将收获一片绿荫。

连任就职演说

（1865 年 3 月 4 日）

林　肯

同胞们：

在这第二次宣誓就任总统时，我不必像第一次那样发表长篇演说。当时，对于将要执行的方针稍作详尽的说明似乎是恰当而适宜的。现在，4 年任期已满，对于这场仍然吸引着全国关注并占用了全国力量的重大斗争的每一重要关头和方面，这 4 年间已不断地发布公告，因此我没有什么新情况可以奉告。我们军队的进展是其他一切的主要依靠，公众和我一样都清楚地了解军队的情况，我深信，大家对之都是感到满意和鼓舞的。我们对未来抱有极大的希望，但却不敢做出任何预测。

4 年前我就任总统时，同胞们的思想都焦急地集中在日益迫近的内战上。大家都害怕内战，都想避免内战。当我在这个地方就职演说，竭尽全力想不经过战争来拯救联邦时，叛乱分子却在这个城市里图谋不经过战争来毁灭联邦——企图以谈判方式解散联邦并分割财产。双方都表示反对战争，但一方宁愿发动战争也不愿让国家生存，而一方则宁可接受战争也不肯让国家灭亡,于是战争就爆发了。

我国全部人口的八分之一是黑人奴隶,他们并不是遍布于联邦各地,而是集中在联邦南部。这些奴隶构成了一种特殊的、重大的利益。大家都知道,这种利益由于某种原因竟成了这次战争的根源。叛乱者的目的是加强,永保和扩大这种利益,为此他们不惜用战争来分裂联邦,而政府却只是宣布有权限制这种利益的地区和扩大。双方都没有料到战争竟会达到如此规模,历时如此长久。双方也没有预期冲突的根源会随着冲突本身而消除,甚至会提前消除。各方都期望赢得轻松些,期望结局不至于那么涉及根本,那么惊人。双方同读一本《圣经》,向同一个上帝祈祷,而且都乞求上帝的帮助来与对方为敌。看来十分奇怪,居然有人敢要求公正的上帝帮助他们从别人脸上的汗水中榨取面包,但是我们切勿评论别人,以免被人评论。双方的祷告不可能都应验。也没有一方的祷告全部得到应验。

全能的上帝有他自己的意旨。"这世界有祸了,因为将人绊倒,绊倒人的事是免不了的,但那绊倒人的有祸了。"如果我们设想美国的奴隶制按照天意是必然来到的罪恶之一,并且在上帝规定的时间内继续存在,而现在上帝要予以铲除,于是他就把这场可怕的战争作为犯罪者应受的灾难降临南北双方,那么,我们能看出其中有任何违背天意之处吗?相信上帝永存的人总是把天意归于上帝的。我们深情地期望,虔诚地祷告,这场巨大的战争灾祸能够很快地过去,但是如果上帝要它继续下去,直至奴隶们250年来无偿劳动所积聚的财富全部毁灭,或如人们在三千年前说过的,直至鞭子下流出的每一滴血都要用剑下流出的每一滴血来偿还，那么今天我们还得说："主的审判是完全正确和公正的。"

我有一个梦想

马丁·路德·金

今天，我高兴地同大家一起，参加这次将成为我国历史上为了争取自由而举行的最伟大的示威集会。

100年前，一位伟大的美国人——今天我们就站在他象征性的身影下——签署了《解放宣言》。这项重要法令的颁布，对于千百万灼烤于非正义残焰中的黑奴，犹如带来希望之光的硕大灯塔，恰似结束漫漫长夜禁锢的欢畅黎明。

然而，100年后，黑人依然没有获得自由。100年后，黑人依然悲惨地蹒跚于种族隔离和种族歧视的枷锁之下。100年后，黑人依然生活在物质繁荣瀚海的贫困孤岛上。100年后，黑人依然在美国社会中间向隅而泣，依然感到自己在国土家园中流离漂泊。所以，我们今天来到这里，要把这骇人听闻的情况公之于众。

从某种意义上说，我们来到国家的首都是为了兑现一张支票。我们共和国的缔造者在拟写宪法和独立宣言的辉煌篇章时，就签署了一张每一个美国人都能继承的支票。这张支票向所有人承诺——不论白人还是黑人都享有不可让渡的生存权、自由权和追求幸福权。

然而，今天美国显然对她的有色公民拖欠着这张支票。美国没有承兑这笔神圣的债务，而是开始给黑人一张空头支票——一张盖着"资金不足"的印戳被退回的支票。但是，我们决不相信正义的银行会破产。我们决不相信这个国家巨大的机会宝库会资金不足。

因此,我们来兑现这张支票。这张支票将给我们以宝贵的自由和正义的保障。

我们来到这块圣地还为了提醒美国:现在正是万分紧急的时刻。现在不是从容不迫悠然行事或服用渐进主义镇静剂的时候。现在是实现民主诺言的时候。现在是走出幽暗荒凉的种族隔离深谷,踏上种族平等的阳关大道的时候。现在是使我们国家走出种族不平等的流沙,踏上充满手足之情的磐石的时候。现在是使上帝所有孩子真正享有公正的时候。

忽视这一时刻的紧迫性,对于国家将会是致命的。自由平等的朗朗秋日不到来,黑人顺情合理哀怨的酷暑就不会过去。1963年不是一个结束,而是一个开端。

如果国家依然我行我素,那些希望黑人只需出出气就会心满意足的人将大失所望。在黑人得到公民权之前,美国既不会安宁,也不会平静。反抗的旋风将继续震撼我们国家的基石,直至光辉灿烂的正义之日来临。

但是,对于站在通向正义之宫艰险门槛上的人们,有一些话我必须要说。在我们争取合法地位的过程中,切不要错误行事导致犯罪。我们切不要吞饮仇恨辛酸的苦酒,来解除对于自由的饮渴。

我们应该永远得体地、纪律严明地进行斗争。我们不能容许我们富有创造性的抗议沦为暴力行动。我们应该不断升华到用灵魂力量对付肉体力量的崇高境界。

席卷黑人社会的新的奇迹般的战斗精神,不应导致我们对所有白人的不信任——因为许多白人兄弟已经认识到:他们的命运同我们的命运紧密相连,他们的自由同我们的自由休戚相关。他们今天来到这里参加集会就是证明。

我们不能单独行动。当我们行动时,我们必须保证勇往直前。我们不能后退。有人问热心民权运动的人:"你们什么时候会感到满意?"只要黑人依然是不堪形容的警察暴行恐怖的牺牲品,我们就决不会满意。只要我们在旅途劳顿后,却被公路旁汽车游客旅社和城市旅馆拒之门外,我们就决不会满意。只要黑人的基本活动范围只限于从狭小的黑人居住区到较大的黑人居住区,我们就决不会满意。只要我们的孩子被"仅供白人"的牌子剥夺个性,损毁尊严,我们就决不会满意。只要密西西比州的黑人不能参加选举,纽约州的黑人认为他们与选举毫不相干,我们就决不会满意。不,不,我们不会满意,直至公正似水奔流,正义如泉喷涌。

我并非没有注意到你们有些人历尽艰难困苦来到这里。你们有些人刚刚走出狭小的牢房。有些人来自因追求自由而遭受迫害风暴袭击和警察暴虐狂飙摧残的地区。你们饱经风霜,历尽苦难。继续努力吧,要相信:无辜受苦终得拯救。

回到密西西比去吧;回到亚拉巴马去吧;回到南卡罗来纳去吧;回到佐治亚去吧;回到路易斯安那去吧;回到我们北方城市中的贫民窟和黑人居住区去吧。要知道,这种情况能够而且将会改变。我们切不要在绝望的深渊里沉沦。

朋友们,今天我要对你们说,尽管眼下困难重重,但我依然怀有一个梦。这个梦深深植根于美国梦之中。

我梦想有一天,这个国家将会奋起,实现其立国信条的真谛:"我们认为这些真理不言而喻:人人生而平等。"

我梦想有一天,在佐治亚州的红色山岗上,昔日奴隶的儿子能够同昔日奴隶主的儿子同席而坐,亲如手足。

我梦想有一天,甚至连密西西比州——一个非正义和压迫的热浪逼人的荒漠之州,也会改造成为自由和公正的青青绿洲。

我梦想有一天,我的四个小女儿将生活在一个不是以皮肤的颜色,而是以品格的优劣作为评判标准的国家里。

我今天怀有一个梦。

我梦想有一天,亚拉巴马州会有所改变——尽管该州州长现在仍滔滔不绝地说什么要对联邦法令提出异议和拒绝执行——在那里,黑人儿童能够和白人儿童兄弟姐妹般地携手并行。

我今天怀有一个梦。

我梦想有一天,深谷弥合,高山变平,歧路化坦途,曲径成通衢,上帝的光华再现,普天下生灵共谒。

这是我们的希望。这是我将带回南方去的信念。有了这个信念,我们就能从绝望之山开采出希望之石。有了这个信念,我们就能把这个国家的嘈杂刺耳的争吵声,变为充满手足之情的悦耳交响曲。有了这个信念,我们就能一同工作,一同祈祷,一同斗争,一同入狱,一同维护自由,因为我们知道,我们终有一天会获得自由。

到了这一天,上帝的所有孩子都能以新的含义高唱这首歌：

我的祖国，可爱的自由之邦，我为您歌唱。这是我祖先终老的地方，这是早期移民自豪的地方，让自由之声，响彻每一座山岗。

如果美国要成为伟大的国家，这一点必须实现。因此，让自由之声响彻新罕布什尔州的巍峨高峰！

让自由之声响彻纽约州的崇山峻岭！

让自由之声响彻宾夕法尼亚州的阿勒格尼高峰！

让自由之声响彻科罗拉多州冰雪皑皑的洛基山！

让自由之声响彻加利福尼亚州的婀娜群峰！

不，不仅如此。

让自由之声响彻佐治亚州的石山！

让自由之声响彻田纳西州的望山！

让自由之声响彻密西西比州的一座座山峰，一个个土丘！

让自由之声响彻每一个山岗！

当我们让自由之声轰响，当我们让自由之声响彻每一个大村小庄，每一个州府城镇，我们就能加速这一天的到来。那时，上帝的所有孩子，黑人和白人，犹太教徒和非犹太教徒，耶稣教徒和天主教徒，将能携手同唱那首古老的黑人灵歌："终于自由了！终于自由了！感谢全能的上帝，我们终于自由了！"

附录8 典 故

女娲炼石补天

在河北省邯郸市的涉县,有一座山叫中凰山。在中凰山的悬崖峭壁上,有一座建筑精巧的宫殿——蜗(女皇)宫。传说这是为了纪念人类的祖先——用黄土造人的女娲而建造的。

在很古老的时代里,那时还没有人。有一位叫女娲的女神,她用大地上的黄土捏了很多小人,这些小人慢慢变成了真的能说能动的人,这就是人的来历。

那时,有一位叫共工的恶神,他生得人面蛇身,红头发,面目狰狞可怕,而且力大无比。一次,共工和一位叫颛顼(zhuān xū)的神争夺统治天下的权力。共工没有取胜,他十分恼怒,就一头撞在不周山上。结果把不周山(不周山是支撑天地间的柱子)撞倒了,天漏了个大洞,地裂了道大缝。结果,森林里起了大火,江河里水患成灾;那些豺狼虎豹,也跑出来伤害人类;老鹰在天空盘旋,看到小孩就抓。

女娲看到这种情况心想:要不赶快想办法补住天上的洞,再填平地上的裂口,自己亲手做的这些黄土人就没命了。于是,她在中凰山里经过七七四十九天,炼制了一块五彩斑斓的石头,用它把天上的洞补好了。这块五彩石留在天上,于是就有了星星、月亮和彩虹。她又砍下大海中神龟的四只脚,立在四方当作柱子,把天地间分开。这四根柱子的方向,就是后来的东西南北。女娲又杀死了江河里兴风作浪的黑龙,止住了风雨。她还用许多芦苇烧起熊熊大火,大火赶走了猛兽,用芦苇的灰堵住了四处泛滥的洪水。这样一来,一切又恢复了正常,人们可以平平安安地过日子了。

二郎担山赶太阳

相传古时候,有个叫二郎的小伙子。二郎不但勤劳勇敢,而且为人忠厚诚实。他的力气特别大,大得能搬起几座大山。他有一双飞虎鞋,穿上它能翻山跨海,日行千里。老百姓们都信服他,喜欢他,就推选他当了大伙的首领。

有一年,天上出现了 12 个太阳。炽热的阳光把大地烤得石裂缝,地冒烟,人们辛苦种的庄稼,在太阳的照射下都枯黄了。二郎每天起早贪黑,和百姓们一起挑来河水浇灌秧苗。他挑着两只大水桶来来往往,汗流浃背。这一天,天已过中午了,还不见母亲给自己送饭来。二郎不放心,就放下水桶往家走。走到半路,看见娘躺在路旁,热得昏倒在地上。二郎望望天上火辣辣的太阳,肺都气炸了。他想,如果再不把这 12 个太阳除掉,还不知有多少人要饿死和热死呢!

第二天,二郎从附近山上砍了一棵千年古树做扁担,把太行山的 12 座小山装进两只大筐,穿上飞虎鞋,挑起扁担去追赶天上的太阳。二郎走起路来一阵风,要走多快有多快,想跳多高有多高。他每赶上一个太阳,就用一座大山把它压住。就这样,他已赶上了天上的 10 个太阳,把它们压在了山下。这第 11 个太阳,被二郎赶上压在了现在的河北省赤城县。剩下的一个太阳就在东海边上,二郎本想还去追赶,但这时他已累得走不动了。

现在,在赤城县城西北9公里燕山脚下,有一口温泉。温泉里的水一年四季都是热的,据说那温泉下面有二郎用山压住的太阳,是太阳把泉水烤热的,温泉附近有两座小山,那是二郎歇脚时从鞋里倒出来的泥土堆成的。现在,人们把温泉叫作"天下第一泉",把这两座小山丘叫作"二郎墩"。

八仙过海

传说吕洞宾等八位神仙途经东海去仙岛,只见巨浪汹涌。吕洞宾提议各自投一样东西到海里,然后各显神通过海。于是铁拐李把葫芦投到水里,自己立在水面过海;蓝采和以花篮涉水而渡;吕洞宾、韩湘子、张果老、汉钟离、曹国舅、何仙姑也分别把自己的宝剑、箫、渔鼓、芭蕉扇、玉板、荷花投到海里,站在上面逐浪而过。八位神仙都靠自己的神通渡过了东海。"八仙过海"根据这个传说而来。

又叫作"八仙过海,各显神通"。

黄粱一梦

在唐代,有一位姓卢的读书人。这一年,卢生要进京考取功名,走到邯郸时天已到中午了。于是,他在邯郸北边找了一家客店,住下来歇歇脚。恰巧,一位姓吕的道士吕翁也住在客店里。于是,卢生和吕翁就坐在一张席子上,说东道西地谈起来。卢生看看自己身上破旧的衣服,叹口气说:"我是一个读书人,本应当早早考取功名,做上高官,痛痛快快过一生。可是我没有赶上好运气，直到现在还这样穷困，真叫人伤心啊！"听了卢生的话，吕翁笑了笑说："我们这样不是也很好吗？不过你想得到荣华富贵，我可以满足你的欲望。"说着，从挎袋里掏出一个青瓷枕头，递给卢生说："你枕上这个枕头睡一觉，就什么都有了。"这时，店主人正在生火做饭，洗好的黄粱米刚刚下到锅里。卢生枕上吕翁给自己的青瓷枕头，不久就进入梦乡。卢生梦见自己先是娶了一位富贵人家的小姐，妻子不但美貌动人，而且陪嫁了许多东西，家里很快富裕起来。第二年，他进京赶考考中了进士，不久又做了京城里的长官。后来，他因领兵打仗有功，受到皇帝的奖赏，并做了朝中最高的宰相官，掌握着朝中的大权。他吃的是山珍海味，住的是亭台楼阁。出门有兵马前呼后拥，回来后有美女陪伴。他有 5 个儿子，个个都有学问和才干，而且都做了官。他的 5 个儿子又生有十几个孙子，真是子孙满堂，福禄齐全，享受到了人间的奢华富贵生活。他一直活了 80 多岁，才辞官不做了。正在这时，一声鸡叫，卢生从梦中醒来。他睁眼一看，吕翁仍然坐在旁边，自己身上还是那身破旧衣服。店主人家蒸煮的黄粱饭冒着热气，还没有熟呢！

现在，在邯郸市北不远处，还有卢生祠。人们还沿用"黄粱梦""梦黄粱""黄粱美梦""邯郸梦"来比喻不切合实际的幻想，或是某种欲望的破灭。

叶公好龙

春秋的时候,楚国叶县有一个名叫沈储梁的县令,大家都叫他叶公。叶公非常喜欢有关龙的东西,不管是装饰品、梁柱、门窗、碗盘、衣服,上面都有龙的图案,连他家里的墙壁上也画着一条好大好大的龙,大家走进叶公的家还以为走进了龙宫,到处都可以看到龙的图案!"我最喜欢的就是龙!"叶公得意地对大家说。有一天,叶公喜欢龙的事被天上真的龙知道了,真龙说:"难得有人这么喜欢龙,我得去他家里拜访拜访呀!"真龙就从天上飞来叶公的家,把头伸进窗户中大喊说:"叶公在家吗?"叶公一看到真正的龙,吓得大叫:"哇!怪物呀!"真龙觉得很奇怪,说:"你怎么说我是怪物呢? 我是你最喜欢的龙呀!"叶公害怕得直发抖,说:"我喜欢的是像龙的假龙,不是真的龙呀,救命呀!"叶公话没说完,就连忙往外逃走了! 留下真龙一脸懊恼地说:"哼,叶公说喜欢龙这件事是假的,他根本是怕龙嘛! 害我还飞来拜访他!"

孟姜女哭长城

孟姜女哭长城的传说,发生在河北北部的万里长城脚下,千百年来,一直在民间流传着。

传说在秦代,江南有一户姓孟的人家,老两口无儿无女,相依为命。孟家的隔壁邻居是姜家,说也凑巧,姜家也是老两口过日子,没有儿女。一年的春天,孟爷爷在墙根下种了一粒葫芦籽。很快,葫芦籽发芽长叶。又过了些日子,葫芦蔓顺着墙头长呀长,爬到隔壁姜家院子里去了。这时,葫芦蔓上开出一朵白白的花儿。葫芦花谢了,结出个毛茸茸的小

155

葫芦。孟爷爷在这边施肥浇水,姜爷爷在那边捉虫搭架。到了秋天小葫芦长成了一个很大很大的大葫芦,沉甸甸地把蔓儿都坠弯了。孟爷爷对姜爷爷说:"葫芦长这么大,多亏了你的辛勤劳动。咱们把它切开,一家一半吧!"当他们把葫芦打开后,奇怪的事发生了:葫芦里睡着个白白胖胖的小闺女!孟家和姜家别提多高兴了。两家一商量,就给这个葫芦里生的闺女取名叫"孟姜女"。

一年一年地过去了,孟姜女很快长大成人。她又聪明又伶俐,而且很爱劳动,不是纺纱织布,就是洗衣做饭。那时,正是秦始皇到处抓人修筑万里长城的时候。一天,一个叫万喜良的年轻小伙子,因为逃避官府抓人,路过孟姜女家。孟爷爷和姜爷爷见这小伙子忠厚朴实,就把孟姜女嫁给了他。刚刚结婚3天,万喜良就被官府抓住,押到北方去修万里长城了。

春去秋来,万喜良一去半年多没有消息。孟姜女一心想着万喜良,眼看冬天到了,没有棉衣在北方怎么过冬呀! 于是,就用自己亲手织的布,给丈夫做了一身厚厚的棉衣。棉衣做好,孟姜女背起包袱,拿着雨伞,就动身上路去给丈夫送棉衣了。一路上,孟姜女千里迢迢,历尽千辛万苦,终于来到了长城脚下。只见成群结队的民工,有的背着又大又重的城砖,有的抬扛着石块,向高山坡上艰难地爬着。他们衣衫破旧,挥汗如雨。经过几天的寻找和打听,孟姜女才知道,自己的丈夫万喜良,已活活地累死了! 他的尸首就埋在了城墙中。

孟姜女听到这一噩耗,真如晴天的霹雳。她悲痛万分,一直在长城脚下哭了三天三夜，直哭得天昏地暗，日月无光。这时，只听"轰隆隆"一声响，城墙坍塌下来，修好的长城被孟姜女哭倒了800里。

这个动人的传说故事，既是对秦始皇时代残酷徭役的控诉，又说明了人民在修筑万里长城中付出的艰苦劳动。万里长城是中华民族力量和智慧的体现。为了纪念这位千里寻夫的孟姜女，后人在长城脚下修建了孟姜女庙。庙里有孟姜女的塑像，庙旁还有传说孟姜女寻夫时登高眺望的"望夫石"。

沧海桑田

传说东汉仙人王方平在门徒蔡经家见到了仙女麻姑，发现原来是自己的妹妹。她早年在姑余山修行得道，千百年过去了，长得仍如十八九岁的姑娘，头顶盘着发髻，秀发垂至腰际，身上的衣服光彩夺目，大家举杯欢宴。麻姑说："我自从得到天命以来，已经三次见到东海变为桑田。这次去仙山蓬莱，见海水比以前浅了许多，大概又快要变成陆地丘陵了吧！"王方平笑着说："难怪圣人说海中行路都会扬起灰。"

为虎作伥

从前，在某一个地方的一个山洞里，住着一只凶猛无比的老虎。有一天，它因为没有食物充饥，觉得非常难过。于是，它走出山洞，到附近的山野里去猎取食物。正在这时候，老虎看到山腰的不远处有一个人正蹒跚地走来，便猛扑过去，把那个人咬死，把他的肉吃光。但是老虎还不满足，它抓住那个人的鬼魂不放，非让他再找一个人供它享用不可，不然，它就不让那人的鬼魂获得自由。那个被老虎捉住的鬼魂居然同意了。于是，他就给老虎当向导，找呀找的，终于遇到第二个人了。这时，那个鬼魂为了自己早日得到解脱，竟然帮助老虎行凶。他先过去迷惑新遇到的人，然后把那人的带子解开，衣服脱掉，好让老虎吃起来更方便。这个帮助老虎吃人的鬼魂，便叫作伥鬼。后人根据这一传说，把帮助坏人做伤天害理的事情，称"为虎作伥"。

老马识途

公元前663年，北方的山戎国（在今河北省东北部）侵略燕国。燕国的国君向齐国求救，齐国的国君齐桓公亲自率领大军去救助。齐桓公的军队赶到燕国时，山戎国的军队已带着掠夺的财物，逃到东部的孤竹国去了。齐桓公命令军队继续追击敌人。山戎国和孤竹国的军队听说齐国的军队打来了，就吓得躲进了深山荒林中。齐桓公顺着敌人的踪迹攻进深山。最后，把敌人的军队打得四散逃奔。齐桓公取得了胜利，并把敌人掠夺的财物也夺了回来。

当他们要返回齐国时，却迷了路。因为齐军来的时候是春天，山清水绿，道路容易辨认。而返回去时已是冬天，山野白雪皑皑，山路弯曲多变。所以，走着走着就辨不清方向了。这时，齐桓公手下的谋士管仲说："大王，狗、马都有辨认道路的本领。我们挑几匹老马，让它们在前边引路，就可以走出山谷。"齐恒公立刻让人挑选了几匹老马，放开缰绳，让它们在前随意地走，军队跟在马的后边。没有多久，在马的带领下，齐国的军队果然走出了山谷，找到了回齐国的路。

鹬蚌相争，渔人得利

战国时，苏代（著名纵横家苏秦之弟）听说赵国将要攻打燕国，他替燕国当说客到赵国去劝阻。苏代见赵惠文王时，讲了这样一个故事：从燕国来赵国途中，经过易水（今河北省中部的一条河，流经易县）时，看到一只蚌露出水面在晒太阳，正巧飞来一只鹬鸟去啄蚌肉。蚌马上合拢其壳，将鹬鸟的长嘴紧紧地挟住，鹬鸟说："今天不下雨，明天不下雨，你就会被晒死。"蚌回答说："今天不放你，明天不放你，你就会被憋死。"双方都互不相让，来了一个打鱼人，一下子把它们都捉了起来。在苏代的劝说下，赵王放弃了攻打燕国的打算。苏代讲的这个故事，叫作"鹬蚌相争，渔人得利"。至今还被人们常常引用，以说明由于双方互不相让，结果弄得两败俱伤，使第三者从中得到好处。

围魏救赵

公元前354年，魏国军队围攻赵国都城邯郸，双方战守年余，赵衰魏疲。这时，齐国应赵国的求救，派田忌为将，孙膑为军师，率兵八万救赵。攻击方向选在哪里？起初，田忌准备直趋邯郸。孙膑却认为，要解开纷乱的丝线，不能用手强拉硬扯，要排解别人打架，不能直接参与去打。派兵解围，要避实就虚，击中要害。他向田忌建议说，现在魏国精锐部队都集中在赵国，内部空虚，我们如带兵向魏国的都城大梁（今河南开封市西北）猛插进去，占据它的交通要道，袭击它空虚的地方,它必然放下赵国回师自救。田忌采纳了孙膑的策略,引兵直奔魏都大梁。魏军闻讯急忙回救,齐军乘其疲惫,在预先选好的作战地区桂陵(今河南省长垣县西北)迎敌于归途,魏军大败,赵国之围遂解。

孙膑用围攻魏国的办法来解救赵国的危困,这在我国历史上是一个很有名的战例,被后来的军事家们列为三十六计中的重要一计。"围魏救赵"这一避实就虚的战法为历代军事家所赞赏,至今仍有其生命力。

背水一战

汉王三年十月(前204年),韩信、张耳率军数万越过太行山向东进攻赵国。赵王歇与赵军统帅陈余集中号称20万兵于井陉口(今河北省石家庄市鹿泉区的土门关,是太行山八个隘口之一),准备与韩信决战。韩信率军进至距井陉口30里的地方驻扎下来。韩信利用陈余骄傲轻敌,急于求胜的心情,准备出奇制胜。

当夜,传令部队出发。派一支两千人的骑兵。每人带一面汉军的红色旗帜,从小路迂回到赵军大营侧翼的抱犊山(井陉县东),隐蔽起来。另派一万多人到绵蔓水(井陉县境)东岸,背水摆成阵势。背水列阵,兵无退路,使赵军以为韩信不懂兵法,更加轻视,而汉军只得奋勇向前,即所谓"陷之死地而后生,置之亡地而后存"。天一亮,韩信大张旗鼓地向井陉口开进,引诱赵军离营出战。汉军里应外合,前后夹击,终于大破赵军,斩陈余,擒赵王歇。

"背水一战"这个有名的历史典故即由此而来。

防微杜渐

东汉和帝即位后,窦太后专权。她的哥哥窦宪官居大将军,任用窦家兄弟为文武大官,掌握着国家的军政大权。看到这种现象,许多大臣心里很着急,都为汉室江山捏了把汗。大臣丁鸿就是其中的一个。

丁鸿很有学问,对经书极有研究。对窦太后的专权他十分气愤,决心为国除掉这一祸根。几年后,天上发生日食,丁鸿就借这个当时认为不祥的征兆,上书皇帝,指出窦家权势对于国家的危害,建议迅速改变这种现象。和帝本来早已有这种感觉和打算,于是迅速撤了窦宪的官,窦宪和他的兄弟们因此而自杀。

丁鸿在给和帝的上书中,说皇帝如果亲手整顿政治,应在事故开始萌芽时候就注意防止,这样才可以消除隐患,使得国家能够长治久安。

破釜沉舟

秦朝末年,各地人民纷纷举行起义,反抗秦朝的暴虐统治。农民起义军的领袖,最著名的是陈胜、吴广,接着有项羽和刘邦。下面,讲一个项羽破釜沉舟的故事。有一年,秦国的30万人马包围了赵国(那不是原来的那个赵国)的巨鹿(今河北省平乡县),赵王连夜向楚怀王(不是原来那个楚国的国王)求救。楚怀王派宋义为上将军,项羽为次将,带领20万人马去救赵国。谁知宋义听说秦军势力强大,走到半路就停了下来,不再前进。军中没有粮食,士兵用蔬菜和杂豆煮了当饭吃,他也不管,只顾自己举行宴会,大吃大喝的。这一下可把项羽的肺气炸啦。他杀了宋义,自己当了"假上将军",带着部队去救赵国。

项羽先派出一支部队,切断了秦军运粮的道路,然后他亲自率领主力过漳河,解救巨鹿。

楚军全部渡过漳河以后,项羽让士兵们饱饱地吃了一顿饭,每人再带三天干粮,然后传下命令:把渡河的船(古代称舟)凿穿沉入河里,把做饭用的锅(古代称釜)砸个粉碎,把附近的房屋放把火统统烧毁。这就叫破釜沉舟。项羽用这办法来表示他有进无退、一定要夺取胜利的决心。

楚军士兵见主帅的决心这么大,就谁也不打算再活着回去。在项羽亲自指挥下,他们以一当十,以十当百,拼死地向秦军冲杀过去,经过连续九次冲锋,把秦军打得大败。秦军的几个主将,有的被杀,有的当了俘虏,有的投了降。这一仗不但解了巨鹿之围,而且把秦军打得再也振作不起来,过两年,秦朝就灭亡了。

打这以后,项羽当上了真正的上将军,其他许多支军队都归他统率和指挥,他的威名传遍了天下。

完璧归赵

战国时期,赵惠文王得到一块闻名天下的宝玉——楚国的"和氏璧"。秦昭王知道了,就派人送信到赵国,表示愿意用十五座城做代价来换取这块宝玉。赵王与大臣们商量,如把宝玉给秦国,又怕得不到秦国答应给的十五座城;如不给,又怕秦王派兵攻打赵国,一时拿不定主意。一个叫缪贤的

"宦者令",推荐自己的门客蔺相如,说此人可以担当出使秦国的重任。

不久,蔺相如带着"和氏璧"来见秦昭王。秦昭王得到宝玉之后,失诺不划城给赵国。这时蔺相如不畏强暴,以指出璧瑕为借口,机智地索回了"和氏璧",并当庭与秦昭王据理力争,终于使这块宝玉完整无损地回到了赵国。蔺相如勇敢机智地完成了出使秦国的使命,受到赵王的赏识,被拜为上大夫。"完璧归赵"的故事也就一代接一代地传下来了。

刎颈之交

战国时,赵国宦者令缪贤的门客蔺相如,受赵王派遣,带着稀世珍宝和氏璧出使秦国。他凭着智慧与勇气,完璧归赵,得到赵王的赏识,封为上大夫。后来,秦王又提出与赵王在渑池相会,想逼迫赵王屈服。蔺相如和将军廉颇力劝赵王出席,并设巧计,廉颇以勇猛善战给秦王以兵力上的压力,蔺相如凭三寸不烂之舌和对赵王的一片忠心使赵王免受屈辱,并安全回到赵国。赵王为了表彰蔺相如,就封他为上卿,比将军廉颇的官位还高。这下廉颇可不乐意了,他认为自己英勇善战,为赵国拼杀于前线,是第一大功臣,而蔺相如只凭一张嘴,居然官居自己之上。廉颇很是不服气,就决心要好好羞辱他一番。蔺相如听到这个消息,便处处回避与廉颇见面。到了上朝的日子,就称病不出。有一次,蔺相如有事出门遇到廉颇。廉颇就命令手下用各种办法堵住蔺相如的路,最后蔺相如只好命令回府。廉颇就更得意了,到处宣扬这件事。蔺相如的门客们听说了,纷纷提出要回家,蔺相如问为什么，他们说："我们为您做事，是因为敬仰您是个真正崇高的君子，可现在您居然对狂妄的廉颇忍气吞声，我们可受不了！"蔺相如听了，哈哈一笑，问道："你们说是秦王厉害还是廉颇将军厉害？我连秦王都不怕，又怎么怕廉颇呢？秦国现在不敢来侵犯，只是慑于我和廉将军一文一武保护着赵国，作为赵王的左膀右臂，我又怎能因私人的小小恩怨而不顾国家的江山社稷呢？"廉颇听说后，非常惭愧，便袒胸露背背着荆条向蔺相如请罪。从此，他们便成了同生死共患难的好朋友，齐心为国效力。

一鸣惊人

秦国打败晋国以后，一连十几年两国没有发生战事。可是南方的楚国却一天比一天强大，一心要跟中原的霸主晋国争夺地位。

公元前613年，楚成王的孙子楚庄王新即位，做了国君。晋国趁这个机会，把几个一向归附楚国的国家又拉了过去，订立盟约。楚国的大臣们很不服气，都向楚庄王提出要他出兵争霸权。

无奈楚庄王不听那一套，白天打猎，晚上喝酒、听音乐，什么国家大事，全不放在心上，就这样窝窝囊囊地过了三年。他知道大臣们对他的作为很不满意，还下了一道命令：谁要是敢劝谏，就判谁的死罪。

有个名叫伍举的大臣，实在看不过去，决心去见楚庄王。楚庄王正在那里寻欢作乐，听到伍举要见他，就把伍举召到面前，问："你来干什么？"

伍举说:"有人让我猜个谜儿,我猜不着。大王是个聪明人,请您猜猜吧。"

楚庄王听说要他猜谜儿,觉得怪有意思,就笑着说:"你说出来听听。"伍举说:"楚国山上,有一只大鸟,身披五彩,样子挺神气。可是一停三年,不飞也不叫,这是什么鸟?"

楚庄王心里明白伍举说的是谁。他说:"这可不是普通的鸟。这种鸟,不飞则已,一飞将要冲天;不鸣则已,一鸣将要惊人。你去吧,我已经明白了。"过了一段时期,另一个大臣苏从看看楚庄王没有动静,又去劝说楚庄王。

楚庄王问他;"你难道不知道我下的禁令吗?"

苏从说:"我知道。只要大王能够听我的意见,我就是触犯了禁令,被判了死罪,也是心甘情愿的。"

楚庄王高兴地说:"你们都是真心为了国家好,我哪会不明白呢?"

打这以后,楚庄王决心改革政治,把一批奉承拍马屁的人撤了职,把敢于进谏的伍举、苏从提拔起来,帮助他处理国家大事;一面制造武器,操练兵马。当年,就收服了南方许多部落。第六年,打败了宋国。第八年,又打败了陆浑(在今河南嵩县东北)的戎族,一直打到周都洛邑附近。

为了显示楚国的兵威,楚庄王在洛邑的郊外举行了一次大检阅。

这一来,可把那个挂名的周天子吓坏了。他派一个大臣王孙满到郊外去慰劳楚军。

楚庄王和王孙满交谈的时候,楚庄王问起周王宫里藏着的九鼎大小轻重怎么样。九鼎是象征周王室权威的礼器。

楚庄王问起九鼎，就是表示他有夺取周天子权力的野心。

王孙满是个善于应付的人。他劝说楚庄王：国家的强盛，主要靠德行服人，不必去打听鼎的轻重。楚庄王自己知道当时还没有灭掉周朝的条件，也就带兵回国了。

以后，楚庄王又请了一位楚国有名的隐士孙叔敖当令尹（楚国的国相）。孙叔敖当了令尹以后，开垦荒地，挖掘河道，奖励生产。为了免除水灾旱灾，他还组织楚国人开辟河道，能灌溉成百万亩庄稼，每年多打了不少粮食。没几年工夫，楚国更加强大起来，先后平定了郑国和陈国的两次内乱，终于和中原霸主晋国冲突起来。

公元前597年，楚庄王率领大军攻打郑国，晋国派兵救郑。在郑地（今河南郑州市东）和楚国发生了一次大战。晋国从来没有打过这么惨的败仗，人马死了一半，另一半逃到黄河边。船少人多，兵士争着渡河，许多人被挤到水里去了。掉到水里的人往船上爬，船上的兵士怕翻船，拿刀把往船上爬的兵士手指头都砍了下来。

有人劝楚庄王追上去，把晋军赶尽杀绝。楚庄王说："楚国自从城濮失败以来，一直抬不起头来。这回打了这么大的胜仗，总算洗刷了以前的耻辱，何必多杀人呢？"

说着，立即下令收兵，让晋国的残兵逃了回去。

打那以后，这个一鸣惊人的楚庄王就成了霸主。

一衣带水

隋文帝杨坚取代北周称帝,建立了隋朝。隋文帝有志于统一中国,在北方实行了一系列富国强兵的政策,国力大增。而当时长江南岸的陈朝后主陈叔宝却十分荒淫,不理朝政。他虽知道隋文帝有意征伐,却依恃长江天险,并不把这事放在心上。

一次,隋文帝向仆射高颎询问灭陈的计策,高颎回答说:"江南的庄稼比江北成熟得早,我们在他们的收获季节,扬言出兵,他们一定就会放弃农时,屯兵防守;他们做好了准备,我们便不再出兵。这样来几次,他们便不会相信。等他们不做准备,我们突然真的出兵渡江,便可打得他们措手不及。另外,江南的粮食不像我们北方囤积在地窖中,而圈积在茅、竹修建的仓库中,我们可暗地差人前去放火烧毁它,如果连烧几年,陈朝的财力就大大削弱了,灭掉它也就容易得多了。"

隋文帝采取了高颎的计策,经过七年的准备,在公元588年冬下令伐陈。出发前,他对高颎说:"我是天下百姓的父母,难道能够因为一条像衣服带子一样狭窄的长江的阻隔,而不去拯救那里的老百姓吗?"隋文帝志在必得,派晋王杨广为元帅,率领五十万大军渡江南下,向陈朝的都城建康发动猛烈的进攻,并很快就攻下建康,俘获了陈后主,灭掉了陈朝。

大逆不道

秦朝灭亡以后,刘邦和项羽展开了长达五年的楚汉战争。

有一天项羽在阵前向刘邦喊话，要与他决一雌雄。刘邦回答说："我开始与你都受命于楚怀王，约定先定关中的为王。但是我先定关中后你却负约，让我到巴蜀去当汉王。这是你第一条罪状。你在去救援赵军途中，杀死上将军宋义，自称上将军，这是你第二条罪状。你违抗怀王命令，擅自劫持各诸侯的兵马人员，这是你的第三条罪状。"接着，刘邦又揭露项羽烧毁秦宫，掘开秦皇坟墓，搜刮财物，杀死投降的秦王子婴，活埋20万秦国百姓，杀害义帝等罪状。在讲到第十条罪状时，刘邦说："你作为臣子而杀死君王，又杀害已经投降的人，为政不平，对订立的约定不讲信义，为天下所不容，属于重大的叛逆。你犯下如此十条大罪，我兴仁义之兵来讨你这个逆贼，你还有什么面目向我挑战！"

项羽听了刘邦的话，气得浑身发抖，命令弓箭手向刘邦放箭。结果，一箭射中刘邦前胸，汉军只好退兵。

打草惊蛇

公元前627年，秦穆公发兵攻打郑国，他打算和安插在郑国的奸细里应外合，夺取郑国都城。大夫蹇叔以为秦国离郑国路途遥远，兴师动众长途跋涉，郑国肯定会做好迎战准备。秦穆公不听，派孟明视等三帅率部出征。蹇叔在部队出发时痛哭流涕地警告说，恐怕你们这次袭郑不成，反会遭到晋国的埋伏，只有到崤山去给士兵收尸了。果然不出蹇叔所料，郑国得到了秦国袭郑的情报，逼走了秦国安插的奸细，做好了迎敌准备。秦军见袭郑不成，只得回师，但部队长途跋涉，十分疲惫。部队经过崤山时，仍然不做防备。他们以为秦国曾对晋国刚死不久的晋文公有恩,晋国不会攻打秦军。哪里知道,晋国早在崤山险峰峡谷中埋伏了重兵。一个炎热的中午,秦军发现晋军小股部队,孟明视十分恼怒,下令追击。追到山隘险要处。晋军突然不见踪影。孟明视一见此地山高路窄,草深林密,情知不妙。这时鼓声震天,杀声四起,晋军伏兵蜂拥而上,大败秦军,生擒孟明视等三帅。秦军不察敌情,轻举妄动,"打草惊蛇"终于遭到惨败。当然,军事上有时也可故意"打草惊蛇"而诱敌暴露,从而取得战斗的胜利。

桃园三结义

在古典小说故事《三国演义》中,有个叫刘备的。他和两个兄弟关羽、张飞一起,在军师诸葛亮的帮助下,东征西战,称雄一方。刘备、关羽、张飞三人结拜兄弟的地方,就在河北省的涿州市。关于他们结拜兄弟的事,还有一段传说。离涿州市不远处,有个村庄叫忠义店。这个村过去不叫这个名字,而叫"张飞店",据说这是张飞的老家。张飞是卖肉的出身,他平时除了卖肉,就是习武练功。他不仅勇猛过人,而且武艺高强。平时他把猪肉放在门前的一眼井里,井口上压着一块千斤重石。因为没人搬动石头,所以肉也丢不了。他自以为自己力气最大,就在井旁石上写上两行字:搬动石头者,白割肉一刀。

一天,一位红脸膛、长胡须、细眼浓眉的大汉,来到这里贩卖绿豆,这人就是关羽。关羽路过张飞门口,看了石头上的两行字,微微一笑,走到井旁。只见他两膀一较劲,"嘿"的一声,搬开了大石头。关羽也不客气,"唰"地一刀割走了半扇猪肉,放到自己的小车上,到集市上卖绿豆去了。店里的伙计见一位红脸大汉移石割肉,就赶紧报告给张飞。张飞一听火冒三丈,就到集市上找关羽算账。张飞来到集市上,见关羽的小车上还搭放着那半扇猪肉,知道这就是移石取肉的人。他也不搭话,走上前去,抓起一把绿豆,一用劲把它捏成了碎面,又抓起一把捏成碎面,左一把,右一把,眼看关羽的绿豆都成了豆粉。关羽忍不住,问为什么把绿豆捏碎,张飞说这是糟绿豆,二人争着争着,就动手打了起来。这两人力大无比,人们都不敢过来劝架。这时,只见一位眉目慈善忠厚的汉子,肩上挑着一担草鞋过来,这就是刘备。刘备上前,一手一个地把二人分开。三人互相通报了姓名,越说越投机,于是就一同到张飞的店中饮酒。后来,刘备、关羽、张飞在店后桃园里结拜成兄弟,干了一番轰轰烈烈的大事业。

现在,涿州市的忠义店村,还保留有刘、关、张结义的"三义庙"。

胯下之辱

韩信很小的时候就失去了父母,主要靠钓鱼换钱维持生活,经常受一位漂洗丝绵老妇人的周济,屡屡遭到周围人的歧视和冷遇。一次,一群恶少当众羞辱韩信。有一个屠夫对韩信说:你虽然长得又高又大,喜欢带刀佩剑,其实你胆子小得很。有本事的话,你敢用你的佩剑来刺我吗?如果不敢,就从我的裤裆下钻过去。韩信自知形只影单,硬拼肯定吃亏。于是,当着许多围观人的面,从那个屠夫的裤裆下钻了过去。史书上称"胯下之辱"。

草木皆兵

东晋时代,秦王苻坚控制了北部中国。公元383年,苻坚率领步兵、骑兵90万,攻打江南的晋朝。晋军大将谢石、谢玄领兵8万前去抵抗。苻坚得知晋军兵力不足,就想以多胜少,抓住机会,迅速出击。

谁料,苻坚的先锋部队25万在寿春一带被晋军出奇击败,损失惨重,大将被杀,士兵死伤万余。秦军的锐气大挫,军心动摇,士兵惊恐万分,纷纷逃跑。此时,苻坚在寿春城上望见晋军队伍严整,士气高昂,再北望八公山,只见山上一草一木都像晋军的士兵一样。苻坚回过头对弟弟说:"这是多么强大的敌人啊!怎么能说晋军兵力不足呢?"他后悔自己过于轻敌了。

出师不利给苻坚心头蒙上了不祥的阴影,他令部队靠淝水北岸布阵,企图凭借地理优势扭转战局。这时晋军将领谢玄提出要求,要秦军稍往后退,让出一点地方,以便渡河作战。苻坚暗笑晋军将领不懂作战常识,想利用晋军忙于渡河难于作战之机,给它来个突然袭击,于是欣然接受了晋军的请求。

谁知,后退的军令一下,秦军如潮水一般溃不成军,而晋军则趁势渡河追击,把秦军杀得丢盔弃甲、尸横遍野。苻坚中箭而逃。

鞭长莫及

春秋时,楚庄王派申舟访问齐国。从楚国到齐国,要经过宋国,按理应事先通知宋国。可是楚庄王自恃大国,不把宋国放在眼里，说："不用通知宋国，只管过去就是！"

申舟经过宋国的时候，宋国就把他扣留了。当时执掌宋国国务的华元对国君宋文公说："楚国使者，经过我国，事先连通知都没有，简直把我国看作已经亡了，成为它的属地了，这是不能容忍的！我们必须维护主权独立和尊严，不能受这样的侮辱！他们如果借此发兵，我们大不了也是亡国，我们宁愿战败而亡，决不可屈辱而亡！"于是，把申舟杀了，并且准备迎击楚国的"问罪之师"。

楚庄公听到申舟被杀的消息，果然立刻发兵，向宋国大举进攻，一下子就把宋国团团围住。据《左传》载，这是鲁宣公十四年秋天九月里的事，可是直到第二年五月里，楚军还是没有取胜，双方相持不下。这时，宋国曾派大夫乐婴齐去晋国，请求出兵援助。当时晋景公倒是愿意出兵，但是大夫伯宗却不敢得罪强大的楚国，他对晋景公说："古话说：'虽鞭之长，不及马腹'，我们哪里管得着楚国的事儿？不如暂不出兵，且等楚国国势衰退以后再说吧。"晋景公就只派了一位大夫叫解扬的，到宋国去安慰一番，并没有给予任何实际的援助。

"虽鞭之长，不及马腹"，意思是说：马肚子不是挨鞭子的地方，鞭子纵然长，也打不到马肚子上去。

半途而废

东汉时，河南郡有一位贤惠的女子，人们都不知她叫什么名字，只知道是乐羊子的妻子。

一天，乐羊子在路上拾到一块金子，回家后把它交给妻子。妻子说:"我听说有志向的人不喝盗泉的水,因为它的名字令人厌恶;也不吃别人施舍而呼唤过来吃的食物,宁可饿死。更何况拾取别人失去的东西,这样会玷污品行。"乐羊子听了妻子的话,非常惭愧,就把那块金子扔到野外,然后到远方去寻师求学。

一年后,乐羊子归来。妻子跪着问他为何回家,乐羊子说:"出门时间长了想家,没有其他缘故。"妻子听罢,操起一把刀走到织布机前说:"这机上织的绢帛产自蚕茧,成于织机。一根丝一根丝地积累起来,才有一寸长,一寸寸地积累下去,才有一丈乃至一匹。今天如果我将它割断,就会前功尽弃,从前的时间也就白白浪费掉。"

妻子接着又说:"读书也是这样,你积累学问,应该每天获得新的知识,从而使自己的品行日益完美。如果半途而归,和割断织丝有什么两样呢?"

乐羊子被妻子说的话深深感动,于是又去完成学业,一连七年没有回过家。

大器晚成

袁绍身边的一位门客,名叫崔琰,他从小喜习武艺,到了23岁才开始读《论语》《韩诗》,求师学习。

由于他刻苦努力,学问也逐渐多起来。当时袁绍的士兵非常残暴,掘开坟墓将尸骨暴露出来。崔琰劝说袁绍不要这样做,袁绍认为他说得对,封他为骑都尉。后来,崔琰跟随曹操,为曹操出了不少主意。

在他做尚书时,曹操想立曹植为嗣子,而崔琰反对,他说:"自古以来的规矩是立长子,怎么能立曹植呢?"曹植是崔琰的侄女婿,尽管是亲属他也不偏袒,曹操十分佩服他的公正。崔琰有个堂弟叫崔林,年轻时既无成就也无名望,亲戚朋友都看不起他,可是崔琰却很器重他,崔琰常对人说:"才能大的人需要长时间才能成器,崔林将来一定会成大器。"后来,崔林果然当上了冀州主簿、御史中丞,还在魏文帝手下任过司空。

江郎才尽

江淹,字文通,他年轻的时候,就成为一个鼎鼎有名的文学家,他的诗和文章在当时获得极高的评价。可是,当他年纪渐渐大了以后,他的文章不但没有以前写得好了,而且退步不少。他的诗写出来平淡无奇,而且提笔吟哦好久,依旧写不出一个字来,偶尔灵感来了,诗写出来了,但文句枯涩,内容平淡得一无可取。于是就有人传说,有一次江淹乘船停在禅灵寺的河边,梦见一个自称叫张景阳的人,向他讨还一匹绸缎,他就从怀中掏出几尺绸缎还他。因此,他的文章以后便不精彩了。又有人传说,有一次江淹在治亭中睡午觉,梦见一个自称郭璞的人,走到他的身边,向他索笔。对他说:"文通兄,我有一支笔在你那儿已经很久了,现在应该可以还给我了吧!"江淹听了,就顺手从怀里取出一支五色笔来还他。据说从此以后,江淹就文思枯竭,再写不出什么好的文章了。

毛遂自荐

战国时期，一次秦国攻打赵国，把赵国的都城邯郸围困起来。在这危急关头，赵王决定派自己的弟弟平原君赵胜，代替自己到楚国去，请求楚国出兵抗秦，并和各国签订联合抗秦的盟约。

为了完成出使楚国的使命，平原君赵胜决定从手下挑选20名智勇双全、能言善辩的人，跟随自己一同到楚国去。可是选来选去，只选中了19名，还差1人。这时，有个平时不出名的人，名叫毛遂，他自告奋勇地说，自己愿意去楚国。平原君说，有才能的人好比一把锋利的锥子，装进口袋里，锥尖就会刺破口袋露出来。你到我这里有3年了，也没听说你有什么长处啊！毛遂说，不是我没有长处，是你没有看重我，我没有显露的机会。如果让我随你到楚国去，恐怕不是锥尖刺破口袋，而是整个锥子都要掉出来哩！平原君听他说得有理，又善言谈，就同意他一起去楚国。

到了楚国，平原君献上礼物，和楚王商谈出兵抗秦的事。可是谈了一天，楚王还是犹豫不决，没有答应。这时，站在台下的毛遂手按剑柄，快步登上会谈的大殿。毛遂对平原君说："两国联合抗秦的事，道理是十分清楚的。为什么从日出谈到日落，还没有个结果呢？"楚王听了毛遂的话很不高兴，就斥责他退下去。毛遂不但不害怕，反而威严地走近楚王，大声地说："你们楚国是个大国，理应称霸天下，可是在秦军面前，你们竟胆小如鼠。想从前，秦军的兵马曾攻占你们的都城，并且烧掉了你们的祖坟。这奇耻大辱，连我们赵国人都感到羞耻，难道大王您忘了吗？再说，楚国和赵国联合抗秦,也不只是为了赵国。我们赵国灭亡了,楚国还能长久吗?"毛遂这一番话义正词严,使楚王点头称是,于是就签订了联合抗秦的盟约,并出兵解救了赵国。平原君回到赵国后,就把毛遂尊为宾客,并且很重用他。

智者千虑　必有一失

应侯范雎失去了封邑原韩地的汝南。秦昭王对应侯说:"贤卿丧失自己的封地汝南以后,是不是很难过呢?"范雎回答说:"臣并不难过。"昭王说:"为什么不难过?"范雎说:"梁国有一个叫东门吴的人,他的儿子虽然死了,可是他并不感到忧愁,因此他的管家就问他:'主人你疼爱儿子,可以说是天下少见,现在不幸儿子死了,为什么不难过呢?'东门吴回答说:'我当初本来没儿子,没儿子时并不难过;现在儿子死了等于恢复没儿子时的原状,我为什么难过呢?'臣当初只不过是一个小民,当平民的时候并不忧愁,如今失去封地汝南,就等于恢复原来平民身份,我又有什么好难过的呢?"

秦昭王不信,于是就对将军蒙骜说:"如果有一个城池被敌人围困,寡人就会愁得寝食不安,可是范雎丢了自己的封土,反而说自己毫不难过,寡人认为他这话不合情理。"蒙骜说:"让我去了解一下,到底是怎么回事!"

蒙骜就去拜会范雎说:"我想要自杀!"范雎很惊讶:"将军你怎么能说这种话呢?"蒙骜回答说:"君王拜阁下为师,全天下的人都知道这件事。现在我蒙骜侥幸成为秦国将军,眼看弱小的韩国竟敢违逆秦国夺走阁下的封土,我蒙骜还有什么脸活着?还不如早点死了好!"范雎赶紧向蒙骜答拜说:

"我愿意把夺回汝南之事托付您!"于是蒙骜就把范雎的话回奏昭王。

从此,每当范雎谈论到韩国时,秦昭王就不想再听,认为范雎是在为夺回汝南而谋划。

一诺千金

西汉初年有一个叫季布的人,他为人正直,乐于助人,特别是非常讲信义。只要是他答应过的事,无论有多么困难,他一定要想方设法办到,所以在当时名声很好。季布曾经是项羽的部将,他很会打仗,几次把刘邦打败,弄得刘邦很狼狈。后来项羽被围自杀,刘邦夺取天下,当上了皇帝。刘邦每想起败在季布手下的事,就十分生气。愤怒之下,刘邦下令缉拿季布。

幸好有个姓周的人得到了这个消息,秘密地将季布送到鲁地一户姓朱的人家。朱家是关东一霸,素以"任侠"闻名。此人很欣赏季布的侠义行为,尽力将季布保护起来。不仅如此,还专程到洛阳去找汝阴侯夏侯婴,请他解救季布。

夏侯婴从小与刘邦很亲近,后来跟刘邦起兵,转战各地,为刘邦建立汉王朝立下了汗马功劳。他很同情季布的不幸处境,在刘邦面前为季布说情,终于使刘邦赦免了季布,还封他为郎中。不久又任命他为河东太守。

当时,楚地有个名叫曹丘生的人,能言善辩,专爱结交权贵。季布和这个人是同乡,很瞧不起他,并在一些朋友面前表示过厌恶之意,偏偏曹丘生听说季布又做了大官,一心想巴结他,特地请求皇亲国戚窦长君写一封信给季布,介绍自己给季布认识。窦长君早就知道季布对他印象不好，劝他不要去见季布，免得惹出是非来，但曹丘生坚持要窦长君介绍。窦长君无奈，只好勉强写了一封推荐信，派人送到季布那里。

季布读了信后，很不高兴，准备等曹丘生来时，当面教训教训他。过了几天，曹丘生果然登门拜访。季布一见曹丘生，就立露厌恶之情。曹丘生对此毫不在乎，先恭恭敬敬地向季布施礼，然后慢条斯理地说："我们楚地有句俗语，叫作'得黄金百两，不如得季布一诺'。您是怎样得到这么高的声誉的呢？您和我都是楚人，如今我在各处宣扬您的好名声，这难道不好吗？您又何必不愿见我呢。"

季布觉得曹丘生说得很有道理，顿时不再讨厌他，并热情款待他，留他在府里住了几个月。曹丘生临走时，还送他许多礼物。曹丘生确实也照自己说过的那样去做。每到一地，就宣扬季布如何礼贤下士，如何仗义疏财。这样，季布的名声越来越大。后人用"一诺千金"来形容一个人很讲信用，说话算数。

现代汉语语法修辞检测题(一)

一、填空:

1. 词是( )的,能够( )的,( )的语言单位。

2. 词可以分为( )词和( )词两大类。

3. 下列词中,名词的有( )动词的有( )形容词的有( )数量词的有( )代词的有( )。

　　①教师　　②研究　　③聪明　　④第一名　　⑤认识

　　⑥思想　　⑦想念　　⑧谁　　⑨一头牛　　⑩这里

4. ①很　　②依据　　③和　　④得　　⑤屡次

　　⑥刚才　　⑦为了　　⑧着　　⑨嗯　　⑩吗?

　　以上词中,副词的有( )介词的有( )连词的有( )助词的有( )叹词的有( )语气词的有( )。

5. 句子有四种句:A( )句,B( )句,C( )句,D( )句。

6. 句子成分是指( )。句子成分有六种,分别是( )( )( )( )( )( )。

7. 破折号的八种用法是:

　　①_____　　②_____　　③_____　　④_____

　　⑤_____　　⑥_____　　⑦_____　　⑧_____。

·179·

二、选择题:(有的是单选题,有的是多选或双选题)

1. 人类最早产生的( )。

   A. 字   B. 词   C. 语素   D. 语言

2. "虚心使人进步,骄傲使人落后"此句是( )。

   A. 联合复句 B. 偏上复句 C. 并列关系 D. 递进关系

3. 语言的单位( )。

   A. 语素   B. 语音   C. 词   D. 句子   E. 字

4. 《汉语拼音方案》是( )组成。

   A. 字母表   B. 声母表   C. 韵母表   D. 声调符号

   E. 隔音符号

5. 句子的种类有( )组成。

   A. 单句   B. 复句   C. 多重复句   D. 句群

三、指出下列词组结构:

①文学和语言   ②认真地学习   ③调查研究   ④提高质量
⑤中国梦   ⑥政府报告   ⑦讨论并且通过   ⑧教育学生
⑨大家讨论   ⑩核心素养

以上是主谓词组的是_____   联合词组的是_____

偏正词组的是_____   动宾词组的是_____

四、划分下列句子成分:(主语"＝＝＝"谓语"——"宾语"～～～"补语"△△△"定语"( )"状语"[ ]")

1. 马克思最讨厌的是虚伪。

2. 原来我已经爬上南天门,走上天街。

3. 大家学习语法。

4. 我们必须端正学习态度。

5. 鲁迅写了许多杂文。

6. 习近平向着稻浪笑了。

7. 明天学校召开教师大会。

8. 她态度和蔼。

9. 他上街买东西。

10. 我请他来。

11. 他倒杯茶喝。

12. 你可以找来字典查查。

13. 大家学习并且讨论了这个报告。

14. 三仙姑又擦了一次粉。

15. 这就是朝鲜战场上一次最壮烈的战斗——松骨峰战斗。

五、划分下列多重复句：

1. 掌柜是一副凶脸孔,主顾也没有好声气,教人活泼不得;只有孔乙己到店,才可以笑几声,所以至今记得。

2. 我们面前的困难是有的,而且是很多的,但是我们确信:一切困难都将被全国人民的英勇奋斗所战胜。

3. 提高是应该强调的,但是片面地孤立地强调提高,强调到不适当的程度,那就错了。

4. 我们的同志如果把这个中心任务真正看清楚了,懂得无论如何要把革命发展到全国去,那么我们对于广大群众的切身利益的问题,群众的生活问题,就一点也不能忽视,一点也不能看轻。

5. 不忘初心,牢记使命,高举中国特色社会主义伟大旗帜,决胜全面建成小康社会,夺取新时代中国特色社会主义伟大胜利,为实现中华民族伟大复兴的中国梦不懈奋斗。

六、指出下列修辞格:

1. 横眉冷对千夫指,俯首甘为孺子牛。(　　　)

2. 一个浑身黑色的人,站在老栓面前,眼光正像两把刀,刺得老栓缩了一半。(　　　)

3. 那乌鸦也在笔直的树枝间,缩着头,铁铸一般站着。(　　　)

4. 她抬头看时,白茫茫的风雪,像烟雾似的遮住了半山坡。(　　　)

5. 射箭要看靶子,弹琴要看听众,写文章做演说倒可以不看读者不看听众吗?(　　　)

6. 烧焦的树木垂着头,弯着腰。(　　　)

7. 鲁迅的骨头是最硬的。(　　　)

8. 人都叫她"豆腐西施"。(　　　)

9. 百花齐放,百家争鸣。(　　　)

10. 惨象,已使我目不忍视了;流言,尤使我耳不忍闻。(　　　)

11. 沉默啊,沉默啊! 不在沉默中爆发,就在沉默中灭亡。(　　　)

12. 苔痕上阶绿,草色入帘青。谈笑有鸿儒,往来无白丁。(　　　)

13. 为什么我国的石拱桥会有这样光辉的成就呢?(　　　)

14. 自从六年前的那一次,我何曾再迟到过?(　　　)

15. 桃树、杏树、梨树,你不让我,我不让你,都开满了花赶趟儿。(　　　)

16. 他每一天每一点钟都要换一套衣服,人们提到她的时候

总是说:"皇上在更衣室里。"（　　）

17. 墙上芦苇,头重脚轻根底浅;山间竹笋,嘴尖皮厚腹中空。
（　　）

18. 枪杆子里面出政权。（　　）

现代汉语语法修辞检测题(二)

一、填空:

1. 有人说汉字是黄帝的大臣( )创造的,也有人说是远古人在无意中发明的。

2. "汉字七体"指( )( )( )( )( )( )( )。

3. 古代有所谓"六书"的说法,即( )( )( )( )( )和( )。

4. 句子按语气和用途分( )( )( )( )。

按意思分( )( );按形式分( )( );按结构分( )( );特殊句子有( )( )( )( )和( )。

5. 常见的说明方法有_____、_____、_____、_____、_____、_____、_____、_____、_____、_____等10种。

6. 散文的最大的特点是_____。

7. 小说的"三要素"是_____、_____、_____。

8. 诗歌按时代可分为_____和_____两大部分。

9. 朗读技法有_____、_____、_____、_____。

10. 学会倾听要做到_____、_____、_____、_____。

11. 马克思写《资本论》,耗费了_____年的心血,为了写作,前后研究书籍达_____种。

12. 达尔文在经历_____年的环球考察后,用时_____年写成《物种起源》。

13. 曹雪芹用十年的时间著成《红楼梦》。"报阅十载,增删五次"时,《红楼梦》初稿已经完成(乾隆十九年甲戌1754)到曹雪芹去世,整整_____年。

14. 演讲稿的写作分为三部分:_____、_____、_____。

15. 中国古代四大名著是_____、_____、_____,作者分别是_____、_____、_____。

16. 巴金的"爱情三部曲"_____、_____、_____,"激流三部曲"_____、_____、_____,小说《_____》《_____》。

17. 古代文学中"三苏"是指_____、_____、_____。

二、指出下列错别字并改正过来。

饮鸠止渴	滥芋充数	世外桃圆	不能自已
洁白无暇	走头无路	趋之若鹜	鬼鬼崇崇
谈笑风声	人情事故	有持无恐	磬竹难书
沤心沥血	默守成规	萎糜不振	美仑美奂
蛛丝蚂迹	黄粮美梦	鼎立相助	再接再励
死皮癫脸	烩炙人口	一诺千斤	草管人命
矫揉造作	一如继往	不经而走	迫不急待

穿流不息　　自抱自弃　　甘败下风　　言简意骇
天翻地复　　一股作气　　悬梁刺骨　　一愁莫展

三、指出下列词语的词性。

同志　　学生　　上午　　马　　上海　　里
听　　想念　　演变　　是　　能够　　回
优秀　　粗　　初一　　谁　　这　　我
万　　走　　生气　　晚上

四、修改下列病句并指出病句的原因。

1. 我们要不断地改进学习方法,增加学习效率。

2. 你的建议我完全赞成,只有一点不同意。

3. 我们要虚心地帮助后进生。

4. 任何一切困难都吓不倒我们。

5. 积极参加课外活动。

6. 我们要养成认真思考。

7. 气象小组的同学,每天早上都记录并收听当天的天气预报。

8. 如果我们生活富裕了,就不应该浪费。

9. 小林和小明边走边聊天,他告诉他作业已经写完了。

10. 顽强的敌人终于被消灭了。

11. 农贸市场里有黄瓜、豆角、圆白菜、西瓜、西红柿等蔬菜。

12. 晚会上音乐和舞蹈真好看。

五、指出下列修辞格。

1. 他动也不动,仿如石像。

2.母亲啊！你是落叶,我是红莲。

3.天上张着灰色的幔。

4.高粱好似一队队的红领巾,悄悄地把周围的道路观察。

5.维吾尔族姑娘插上金色的翅膀在广阔的天地里飞翔。

6.延安的歌声它是黑夜的火把,雪天的煤炭,大旱的甘霖。

7.八路军穿草鞋,把日本鬼子赶下海。解放军穿草鞋,把蒋家王朝踢下台。如今八连穿草鞋,把香风毒雾脚下踩。

8.他们的品质是那样的清洁和高尚,他们的意志是那样的坚韧和刚强;他们的气质是那样的淳朴和谦逊,他们的胸怀是那样的美丽和宽广。

9.蜀道之难,难于上青天。

10.如果我们能够研制出一种类似鹰眼的搜索、观测技术系统,就能够扩大飞行员的视野,提高他们的视敏度。如果能够研制出具有鹰眼视觉原理的"电子鹰眼",就有可能用于控制远程激光制导武器的发射。如果能够给导弹装上小巧的"鹰眼系统",那么它就可以像雄鹰一样,自动寻找、识别、追踪目标,做到百发百中。

11.一个浑身黑色的人,站在老栓面前,眼光正像两把刀,刺得老栓缩小了一半。

12.农民们都说:"看见这样鲜绿的苗,就嗅出白面包子的香味来了。"

13.墙上芦苇,头重脚轻根底浅;山间竹笋,嘴尖皮厚腹中空。

14.横眉冷对千夫指,俯首甘为孺子牛。

15. 才饮长江水,又食武昌鱼。

16. 一家人于阴历十一月下旬从热闹杭州移居于这荒凉的山野,宛如投身于极地中。

17. 对下属道貌岸然,或是面部无表情,像一张白纸似的……但是他一见到上司,驴脸得立刻缩短,再往瘪里一缩,马上变成柿饼脸,堆下笑容……

18. 什么是路? 就是从没有路的地方踏出来的,从有荆棘的地方开辟出来的。

19. 我呢,我难道没有应该受责备的地方吗?

20. 就说蒋筑兰吧,已经过了这样长久的考验,难道他入党的志愿,也一定要等到死后才能由省委的追认才满足么?

21. 沉默啊,沉默,不再沉默中爆发,就在沉默中灭亡。

22. 孔子曰:"三人行必有我师焉。"

23. 骆驼被称为"沙漠之舟"是因为它在沙漠中会驮运货物。

24. 杨柳青青江水平,闻郎江上唱歌声。东边日出西边雨,道是无晴还有晴。

25. 四面又明明是寒冬,正给我非常的寒威和冷气。

26. (清国留学生)也有解散辫子,盘得平的,除下帽来,油光可鉴,宛如小姑娘的发髻一般,还要将脖子扭几扭。实在标致极了!

27. 可是"友邦人士"一惊诧,我们的国府就怕了,"长此以往,国将不国"了,好像失了东三省,党国倒愈像一个国,失了东三省谁也不响,党国倒愈像一个国,失了东三省只有几个学生上几篇"呈文",党国倒愈像一个国,可以博得"友邦人士"的夸奖,永远"国"下去一样。

28.曲曲折折的荷塘上面,弥望的是田田的叶子。叶子出水很高,像亭亭的舞女的裙。层层的叶子中间,零星地点缀着些白花,有袅娜地开着的,有羞涩地打着朵儿的;正如一粒粒的明珠,又如碧天里的星星。